Una luce nell'oscurità

Swamini Krishnamrita Prana

Mata Amritanandamayi Center
San Ramon, California, Stati Uniti

Una luce nell'oscurità
di Swamini Krishnamrita Prana

Pubblicato da:
Mata Amritanandamayi Center
P.O. Box 613, San Ramon, CA 94583
Stati Uniti

-------- *A Light in the Darkness – Italian* --------

Copyright © 2019 Mata Amritanandamayi Center,
P.O. Box 613, San Ramon, CA 94583, Stati Uniti

Tutti i diritti riservati. Ogni riproduzione, archiviazione, traduzione o diffusione, totale o parziale, della presente pubblicazione, con qualsiasi mezzo, per qualsiasi scopo e nei confronti di chiunque, è vietata senza il consenso scritto dell'editore.

Prima edizione: marzo 2019

In Italia:
www.amma-italia.it
amma-italia@amma-italia.it

In India:
www.amritapuri.org
inform@amritapuri.org

Indice

Introduzione		7
1.	Imparare a servire	11
2.	Diventare una star	19
3.	Una lettera d'amore	27
4.	Imparare a sorridere	33
5.	Decidere di servire	41
6.	Mai soli	49
7.	Ben fatto	61
8.	In cerca d'amore	69
9.	Diventare Arjuna	77
10.	Sconfiggere la violenza	85
11.	La disperazione di un cuore infranto	95
12.	La guarigione di un trauma	105
13.	Trovare Durga dentro di noi	113
14.	Scegliere di vivere	121
15.	Scegliere la luce	131
16.	Il vero yoga	137
17.	La scatola delle vasana	149
18.	Trovare la pace	159

Metti le tue mani vuote tra le mie.
Mostrami le cicatrici che nascondi
e, se le tue ali sono spezzate,
prendi le mie, così potrai volare ancora.
Io sarò al tuo fianco.

Le lacrime creano innumerevoli riflessi
cangianti nei tuoi occhi.
So che anche tu, come me, stai soffrendo.
Amore, se le tue ali sono spezzate,
puoi prendere in prestito le mie,
così potrai volare ancora.
Io sarò al tuo fianco.

Tu sei per me più di quanto potessi mai immaginare.
A volte, il battito del cuore provoca dolore.
E se le tue ali sono spezzate,
possiamo affrontare insieme anche quelle emozioni
perché io sarò al tuo fianco.

Credo che la verità sia ciò in cui credi.
Penso che la *fede* aiuti senza una spiegazione logica.
Sarò i tuoi occhi quando i tuoi non potranno brillare,
sarò le tue braccia quando non riuscirai ad alzarti.
Io sarò sempre al tuo fianco.

Anche se sei allo stremo delle forze,
possiamo trovare insieme una via d'uscita.
Anche se non riusciremo a trovare il paradiso,
attraverserò l'inferno con te.
Amore, non sei solo perché io sarò con te.

Adattamento della canzone, *Stand by You,*
di Rachel Platten

Introduzione

Possiamo disperdere l'oscurità solo facendo entrare la luce.

– *Amma*

Nel mondo d'oggi, spesso le persone si sentono perse e affrontano la vita senza vero amore, prive di una guida autentica. Fin troppe volte la falsità viene presentata come verità e ci si trova facilmente a deviare dal cammino *dharmico* (retto). È difficile crescere i figli nella comprensione dei veri valori e dei principi spirituali quando il mondo ci bombarda con innumerevoli esempi che affermano il contrario.

In mezzo a tutta questa oscurità, abbiamo bisogno di una luce che illumini la nostra strada e ci mostri come uscire dalla sofferenza. Amma è quella Luce. Lei ci nutre con un amore materno che abbraccia tutto e tutti e ci educa al tempo stesso, impartendoci i saggi insegnamenti di un Guru.

La sua vita ha arricchito la parola "amma" (madre) con una profondità e un significato nuovi che l'hanno resa una delle parole più ricche e dolci che risuonano nell'intero pianeta. Amma ama tutti noi profondamente e incondizionatamente e ci accetta con tutte le nostre debolezze e colpe. Come una fresca brezza, ci dà ristoro nell'arido deserto dell'esistenza terrena e dona appagamento alle nostre vite solitarie. Amma è l'essenza di tutto ciò che è bello, rassicurante e prezioso.

Non è possibile comprendere fino in fondo la sua magnificenza. La nostra mente non è in grado di afferrare chi sia veramente Amma, ma possiamo facilmente vedere quello che è il suo più grande miracolo: la capacità di trasformare i cuori. Amma accoglie persone comuni che vivono nel mondo e le trasforma rendendole migliori, suscitando in loro il desiderio di dedicare la propria vita al servizio degli altri. E opera tale prodigio in migliaia di individui di ogni estrazione sociale.

La metamorfosi è un processo di trasformazione lento, che può avvenire solo grazie a una pazienza infinita, ma un giorno ognuno di noi sboccerà. Di recente, un devoto mi ha ricordato una storia incredibile, accaduta qualche anno fa al termine del tour australiano, quando Amma si recò a visitare la casa di una donna.

Vicino all'ingresso, c'era un vecchio cactus in un vaso incrinato. La pianta non aveva mai fatto fiori e non aveva mai cambiato aspetto in tutti quei lunghi

Introduzione

anni in cui era rimasta lì. La famiglia si era praticamente dimenticata della sua esistenza ma Amma, mentre stava per entrare in quella casa, si chinò e con reverenza accarezzò il cactus con grande gentilezza.

La padrona di casa si vergognò un po'; provava imbarazzo per non averlo nascosto o non averlo sostituito con una pianta più rigogliosa, ma la visita di Amma l'aveva così elettrizzata che si era completamente dimenticata di metterla da un'altra parte.

Dopo che Amma ebbe benedetto la casa, la famiglia andò con lei fino all'aeroporto e quando rientrò a casa qualche ora dopo, tutti rimasero sconcertati e sorpresi dal miracolo accaduto. Nel suo vaso rotto, l'umile cactus era esploso manifestando tutta la sua gloria e adesso era adorno di una maestosa corona di fiori. Così consacrato, il cactus era timidamente fiorito.

La famiglia era estremamente colpita dal fatto che un semplice tocco di Amma avesse potuto miracolosamente trasformare quel cactus vecchio e scialbo. Il giorno dopo, la pianta fu collocata orgogliosamente in un nuovo vaso e le fu assegnato un posto d'onore in un punto soleggiato vicino all'altare di famiglia.

Noi assomigliamo spesso a quel vecchio e spinoso cactus, bloccati a lungo in una scorbutica ed irascibile inerzia. Pur ricevendo molte benedizioni, rifiutiamo ostinatamente di cambiare (a volte i cactus spinosi oppongono meno resistenza di noi). Fortunatamente Amma non ci abbandona mai e ovunque lei vada accadono miracoli di crescita e metamorfosi.

Questo libro narra la storia di diciotto persone, diciotto vite che Amma ha trasformato, un cuore per volta. Ogni testimonianza è unica e attesta la vera gloria di Amma, perché lei guida una persona dopo l'altra dalla sofferenza alla luce.

Non tutti provengono da luoghi bui e profondi come quelli di alcuni protagonisti di queste storie, anche se questo è il caso di alcuni fra noi, ma grazie ad Amma, migliaia di guarigioni e di trasformazioni avvengono in tutto il mondo. Per il momento cominceremo a raccontarne diciotto.

Giorno dopo giorno, Amma ci insegna a dimenticarci un po' di noi stessi, pensando invece a donare agli altri. Con sconfinata pazienza e infinito Amore, ci insegna gradualmente con il suo esempio a sbocciare e diventare luci che illuminano l'oscurità.

Capitolo 1

Imparare a servire

In modo gentile, puoi scuotere il mondo.

– Mahatma Gandhi

Quando avevo vent'anni, m'innamorai di Dio. Il nostro amore durò un'estate, ma fu una storia di passione, di gioia e di luce. Ogni volta che pregavo cantando, ero sopraffatta da pura estasi. Il mondo era un luogo stupendo, traboccante di vita e di colore. Dio era magnifico, onnipresente e incredibilmente glorioso.

A fine estate lasciai la mia vita privilegiata in Occidente e cominciai a viaggiare, visitando alcuni dei Paesi più poveri al mondo. Mi recai prima in Africa. Insieme ad alcuni amici piantai la tenda sul pendio del cratere Ngorogoro, uno dei luoghi più mozzafiato che abbia mai visto. Mentre il sole stava tramontando, il cielo fu attraversato da vivaci colori che dipinsero il più bel ritratto di Dio. A quella vista, il mio cuore danzò rapito. La luna si alzò nel cielo. Il fuoco del falò si spense e noi tutti sprofondammo nel sonno.

Quella notte il nostro campo subì il violento attacco di una iena affetta da rabbia. Una donna appena sposata fu morsa e morì dopo tre settimane. Poco dopo una mia grande amica venne brutalmente violentata e le autorità locali non fecero nulla.

Per quanto tremende fossero queste tragedie, non erano nulla in confronto alla povertà. Ovunque andassimo c'erano sporcizia e bambini affamati che elemosinavano nelle strade senza che qualcuno si prendesse cura di loro. La gente viveva in case costruite con i rifiuti presi dalla spazzatura.

Per la prima volta venivo a contatto con il dolore del mondo e mi sentivo completamente tradita dal mio Amato.

Mi spostavo di città in città, di Paese in Paese, alla ricerca di un modo per guarire il mio cuore. Ogni volta che cambiavo posto, provavo una gioia e un entusiasmo temporanei e, quando ricompariva l'infelicità, mi spostavo di nuovo in cerca di nuove avventure.

Nei sei anni successivi vissi in tredici città, sette Paesi e quattro continenti diversi. Fui testimone di episodi di oppressione, terrorismo, guerra civile e violenza. L'amore divenne mera fantasia, perso in un mondo crudele.

Il mio cuore si chiuse completamente.

Era chiaro che Dio si disinteressava di ciò che accadeva e così io feci lo stesso. Quando sentivo le persone pregare, mi chiudevo nella mia stanza e scoppiavo a piangere.

Ricordo che il pomeriggio prima d'incontrare Amma mi sentivo disperata e molto sola. Ero pienamente convinta che l'amore fosse poco più che una passione dei sensi e che Dio non fosse sano di mente. C'era troppa sofferenza nel mondo.

Avevo trascorso l'intera giornata e quella precedente a guardare repliche di programmi violenti alla TV, in attesa di poter lasciare il mio lavoro e spostarmi da qualche altra parte. Ero leggermente depressa e molto ansiosa.

Amma cambiò tutto.

Quella sera i miei amici riuscirono a convincermi a salire in macchina allettandomi con la promessa di un "*chai* eccezionale". Ero disposta ad andare con loro, ma fui molto franca: avevo accettato solo per il *chai*. Per tutto il tragitto cercai di mettere le cose in chiaro. "Questa storia di Amma è solo idolatria", affermavo. Rispondevano alzando gli occhi al cielo e mi ricordavano il *chai*.

Poi lei - una piccola e bellissima donna, avvolta in un candido sari - entrò nella sala. Aveva la carnagione dello stesso colore di quella di Krishna... Mi toccò la mano. Tutta la mano... lo ricordo ancora.

Quando quella sera mi recai al darshan, Amma piantò un seme nel mio cuore. Lo sentii. Le ventiquattr'ore successive, germogliò. L'indomani non vedevo l'ora di ritornare da lei.

La sera andai di nuovo al darshan e scoppiai a piangere. Con molta chiarezza, sentii nella mia mente la voce di Amma: "Mia cara figlia, non è Dio a essere malato, ma la tua mente". Mi sedetti nell'area riservata a chi aveva già ricevuto il darshan, singhiozzando e piangendo in modo irrefrenabile. Dopotutto, Dio era proprio eccezionale. Desideravo starle ancora vicina.

Amma continuava a guardarmi e a ridere. Ogni volta che lo faceva, per un attimo ridevo con lei e poi le lacrime tornavano a scendere violente, scuotendo ogni fibra del mio corpo. Ero amareggiata per avere perso tutti quegli anni nella collera e nel dolore. Prima di quel darshan mi sentivo completamente bloccata e disperata, ma ora lei mi stava liberando.

Continuò ripetutamente a guardarmi, i suoi occhi brillavano di gioia e di compassione.

Trascorsero molti anni e la mia vita cambiò. Ogni volta che vedevo Amma, un altro strato di dolore evaporava come fumo. Strato dopo strato, la sofferenza scivolò via.

Mi recai nel suo ashram in India. Durante la mia prima visita, ricordo che ero seduta per terra, immersa nel *seva* (servizio disinteressato, N.d.T.), ed ero scoppiata a ridere: non potevo credere che il paradiso esistesse su questa Terra e io ero seduta proprio nel suo bel mezzo.

Amma affronta la sofferenza del mondo attraverso il servizio. Gestisce orfanotrofi, scuole e ospedali caritatevoli, costruisce case per i senzatetto, fornisce cibo agli affamati, distribuisce pensioni alle vedove e interviene in tutto il mondo offrendo aiuto dopo i disastri naturali, ma l'elenco delle sue opere caritatevoli non finisce qui. Quando mi ero trovata di fronte a un mondo pieno di sofferenza, mi ero persa in un dolore disperato. Quando Amma vede la sofferenza, la trasforma.

Durante il tour del sud dell'India di qualche anno fa facemmo una sosta in uno degli orfanotrofi di Amma. Quei bambini non avevano nulla ma, grazie a lei, adesso il loro futuro era pieno di speranza. Quando Amma cantava, tutti loro si alzavano in piedi e ballavano al colmo della gioia. Allungavano le manine per poterla toccare, cercando di afferrarle la pancia. Lei li teneva per la mano, li guardava profondamente negli occhi e danzava con loro.

Sono giunta alla conclusione che i problemi della vita non evaporano spontaneamente. Viviamo in un mondo immerso nelle tenebre e nel dolore. Certo, a volte ne rimaniamo feriti, ma con la grazia di Amma e una corretta comprensione possiamo scegliere di non soffrire più.

Quando Amma mi tiene tra le braccia, la verità emerge in modo palese: l'amore è reale. Non lo sapevo. In effetti, prima d'incontrarla non avevo mai sperimentato veramente l'amore. Lei mi mostra che, per quanto il mondo possa essere nell'oscurità, la base su cui poggia ogni cosa è l'amore.

Amma mi dà la forza necessaria per affrontare ogni giorno con gioia e gratitudine.

Grazie ad Amma, ogni giorno è un miracolo.

Imparare a servire

Durante le interviste con i giornalisti, Amma parla spesso della sofferenza che ha visto da piccola. Già allora sapeva che lo scopo della sua vita era elevare l'umanità. Quando lei ci accoglie per ricevere il suo darshan, ci aiuta a cominciare a percepire la nostra natura interiore, quel Sé cui raramente facciamo esperienza. Quando la incontriamo, è come se prima di allora avessimo bevuto solo gazzosa per placare la sete e adesso venissimo in contatto con dell'acqua pura, che rinfresca il corpo, la mente e l'anima. Amma è l'acqua pura - la nostra vera natura – la nostra essenza autentica, bella e ispirante.

Si dice che a Vrindavan (il luogo natale di Sri Krishna), Radha vide Sri Krishna una sola volta presso il fiume Yamuna e che da quel momento lo amò per sempre. Accade lo stesso tra Amma e noi. Anche se forse riceveremo un solo darshan, Amma non si dimenticherà mai di noi e ci amerà sempre così profondamente per tutta l'eternità.

Capitolo 2

Diventare una star

Che la bellezza che ami sia ciò che fai.

– *Rumi*

Sin dai tempi delle superiori desideravo fare teatro. Adoravo le storie d'amore, le luci della ribalta, la gloria, la ricchezza, la fama e lo stare sul palco, davanti a migliaia di persone: volevo diventare una star. Sarei stata una magnifica stella brillante, più luminosa di ogni altra cosa sulla Terra.
Ricordo la prima volta che andai a teatro. Era elettrizzante e seppi subito che questo era ciò che desideravo dalla vita.

Intorno ai vent'anni mi trasferii in California per realizzare il mio sogno. Lavorai in compagnie teatrali e per alcune case di produzione, fui aiuto regista e iniziai la mia scalata. Gli spettacoli a cui lavoravo cominciavano a vincere premi importanti e sogni di successi a Broadway e ad Hollywood balenavano nella mia mente.

Poi venni licenziata e, per quanto possa suonare strano, questa fu la più grande benedizione della mia vita.

Il teatro ha un lato oscuro, un aspetto che adesso mi fa rabbrividire, ma che, a quel tempo, non potevo che accettare. La vita teatrale è sfavillante, eccitante, e crea dipendenza, ma al tempo stesso porta con sé i club, l'alcool, le droghe, i litigi e le avventure di una notte...

Nell'industria teatrale lo stress è estremamente elevato e la competizione è spietata. Tutti hanno un'unica cosa in mente: il prossimo spettacolo, la prossima battuta, la prossima promozione. Si entra in un vortice di continui spostamenti, continue audizioni, e se non ce la fai a stare al passo vieni messo da parte, dimenticato. Partecipare ai party era l'unica maniera per poter emergere, essere notati; tutti si comportavano in questo modo, non c'erano altre possibilità.

Quando un senzatetto si droga lo definiamo un tossicomane. Quando lo fa una star del cinema nella saletta privé di un nightclub esclusivo, la definiamo una persona audace ed eccentrica.

Se volevo ampliare la mia rete di conoscenze e frequentare la cerchia di persone ricche e famose, dovevo stare dove c'era l'azione, e le feste erano l'unico modo per rimanere sulla cresta dell'onda e far parte di questo mondo.

A questi party, il mio comportamento era sempre lo stesso: sedevo in un angolo sorseggiando lentamente una birra e facendo brillare una fede nuziale finta per tenere lontano le persone sbagliate (uomini e donne). Quando una donna ubriaca con un abito che le cadeva dalle spalle si avvicinava e mi chiedeva il numero di telefono, rispondevo: "Oh no, mi dispiace, mio marito è proprio qui fuori".

Quando un uomo squallido mi invitava ad andare nella sua camera, gli rispondevo: "Mi spiace, ma stasera la mia ragazza mi aspetta a casa".

La risposta di quei vermi era sempre la stessa: "Tesoro, nessuno verrebbe a saperlo…"

Una notte si avvicinò un uomo con le pupille ristrette, a "punta di spillo", talmente era imbottito di droga. Cercò ripetutamente di palparmi e io gli mollai un ceffone: "Stai indietro, animale!", urlai.

Vivevo a Sodoma e Gomorra, l'antitesi di tutto quello che può essere divino o spirituale. Nell'ambiente teatrale, ogni cosa era stravagante, eccessiva e lasciva. L'industria che un tempo ispirava le persone a sognare era diventata uno strumento che promuoveva azioni scellerate.

Onestamente, non avevo mai desiderato farne parte. Il mio sogno infantile mi aveva portato sulla strada sbagliata; avevo sempre il disperato desiderio di recitare, mi sarebbe tanto piaciuto che tutto fosse stato diverso. "Dev'esserci qualcosa di meglio", pregavo.

Dentro di me sentivo che c'era qualcosa che non quadrava, ero *io* a non sentirmi a posto.

Essere licenziata fu la mia salvezza. Quando Amma venne nella mia città qualche settimana dopo, per la prima volta che io ricordi, la mia agenda era completamente libera. Mi recai al programma senza sapere cosa mi aspettasse.

Avevo tutto ciò che desideravo: denaro, conoscenze, il potenziale per essere famosa, ma la sera in cui incontrai Amma tutto cambiò, *tutto*. Il mio primo darshan fu più inebriante della droga più potente e più elettrizzante della produzione teatrale di maggiore successo. In quel primo abbraccio seppi di aver finalmente trovato quel "qualcosa di speciale" che stavo cercando. Non posso dire che tutto cambiò all'istante, ebbi ancora dei conflitti interiori. Sapevo che la vita che stavo conducendo mi rendeva infelice e mi lasciava un senso di vuoto, ma non riuscivo a lasciar andare la voglia di recitare. Amma conosceva il mio cuore e realizzò questo mio desiderio più profondo nel migliore dei modi.

La mia ultima interpretazione fu in una breve commedia durante il ritiro di Amma a San Ramon. Avevo una strofa da recitare... e la spettatrice più divina. Adesso ero finalmente una star: vista, amata e adorata completamente, a ogni possibile livello. Sentii l'amore di Amma fin nelle profondità della mia anima. Per tutta la vita il mio unico desiderio era stato il teatro, ma in quell'istante esso svanì completamente. Ero libera.

Amma mi aveva strappata all'abisso della vita mondana. Abbandonai il teatro, i party, il denaro e tutti quei sogni opachi. Dopo quella interpretazione, non avvertii più il bisogno di farne altre; il desiderio era scomparso.

Per me la bellezza non è più racchiusa nella splendida silhouette di una stella del cinema. Oggi vedo la bellezza nelle mani di Amma, impegnate nel servire i poveri e i bisognosi, mentre accolgono una persona dopo l'altra nel suo caldo abbraccio.

Non ho più bisogno di essere una stella, la sola che brilla nel cielo. Sono scesa sulla Terra e adesso non desidero altro che servire.

Amma è venuta per condurci nella nostra vera casa. Una casa più vicina di quanto crediamo, ma da tanto tempo abbiamo scordato dove si trova, soprattutto quando ci smarriamo rincorrendo gli obiettivi del mondo e i sogni fatti di illusioni. Amma è tornata per indurci a risvegliare la divinità innata che giace assopita in ognuno di noi e lo fa non cercando di renderci degli esseri con qualità sovrumane, ma degli esseri veramente umani e ci aiuta a realizzare pienamente il nostro potenziale.

Amma ha sempre considerato la propria madre come il suo guru. Aveva una madre incredibilmente severa che sottolineava ogni errore della figlia, ma Amma le è grata per avere ricevuto questo addestramento perché tale disciplina le ha permesso di acquisire un alto livello di consapevolezza sin dall'infanzia.

Similmente, Amma fa del suo meglio per guidarci e proteggerci, ma se non osserviamo i suoi insegnamenti, la vita s'incaricherà d'insegnarci e impareremo a nostre spese le sue dure lezioni. Così è la vita. Fin troppo spesso i nostri desideri hanno la meglio e ci portano lungo una strada sbagliata.

Amma ci ricorda che, in realtà, la scintilla divina del puro amore è estremamente vicina ed è presente in ognuno di noi, a portata di mano. Lei cerca di ispirarci ad andare un po' oltre i nostri desideri per poter cogliere il significato più profondo dell'esistenza. Questo non significa che non dobbiamo più sforzarci di raggiungere i nostri obiettivi. Continuiamo pure a impegnarci a perseguire dei successi esteriori, ma cerchiamo al tempo stesso di tenere presente che essi non sono che una piccolissima parte della vita.

Amma vuole che capiamo che nella vita la vera ricompensa è molto più gratificante dell'acquisire una notorietà e una fama basate sull'esteriorità.

In essenza, "noi siamo amore". Quando ricordiamo questa verità, il tesoro che celiamo nel nostro cuore verrà alla luce e troveremo finalmente quello che abbiamo sempre cercato.

Capitolo 3

Una lettera d'amore

Vedere le cose nel seme, questa è genialità.

– Lao Tzu

Molti anni fa, quando mi trasferii con mio marito all'ashram di Amritapuri, tutto era molto meno strutturato. Esisteva solo qualche dipartimento, mancava quello dedicato al riciclo e al compostaggio, non ci si occupava della gestione dei rifiuti e non c'erano terre coltivate. Semplicemente non esistevano infrastrutture che potessero dare supporto a tali servizi.

Un giorno, mentre stavamo pranzando, mio marito e io avemmo un acceso dibattito con un amico su come rendere l'ashram più sostenibile e rispettoso dell'ambiente.

Ispirati da questa conversazione, decidemmo di scrivere una lettera ad Amma esprimendo ciò che avremmo desiderato. Facemmo un elenco di tutte le nostre idee: riciclo, compostaggio, orticultura biologica, vendita di erbe biologiche, impiego di pannelli solari… e tante altre cose ancora. Eravamo pieni di entusiasmo al pensiero di condividere queste idee con Amma e speravamo di ricevere la sua benedizione per alcune di queste proposte.

Chiedemmo a una indiana che abitava nell'ashram se poteva aiutarci a tradurre la lettera in malayalam, ma man mano che donna leggeva ciò che avevamo scritto pareva sempre più nervosa. Era chiaro che si sentiva molto turbata dal contenuto. Al termine, ci disse adirata che "NON l'avrebbe assolutamente" tradotta perché non toccava a noi dire al Guru cosa fare. Ci fece una bella ramanzina e poi si allontanò in fretta.

Ciò che avevamo scritto non voleva essere assolutamente una critica e non era certamente nelle nostre intenzioni dire ad Amma cosa fare. Desideravamo semplicemente chiederle se riteneva che qualche nostra proposta potesse essere utile all'ashram e, in questo caso, a quale progetto avremmo dovuto rivolgere la nostra attenzione.

Ci sentivamo così sconcertati e amareggiati dalla reazione di quella donna che decidemmo di non consegnare la lettera ad Amma. Non intendevamo mancarle di rispetto e, nonostante le nostre buone intenzioni, sembrava che ciò che avevamo scritto suonasse come un insulto. Demoralizzata, misi la lettera sul mio altare, sotto la foto della dea Lakshmi.

Molti mesi dopo, durante il tour europeo, quando aprii gli occhi al termine della mia meditazione vicino ad Amma, lei mi guardò e mi fece cenno di avvicinarmi. Mi parlò in malayalam e la donna vicino a lei tradusse le sue parole. "Amma dice che le è piaciuta molto la lettera che le hai dato", mi disse.

Mi sentivo completamente confusa: non avevo dato nessuna lettera ad Amma durante il tour. In realtà, non le avevo consegnato nessuno scritto per tutto l'anno. "Amma," risposi con tutta sincerità, "non ti ho dato nessuna lettera". Ma lei insistette dicendo che le *avevo* dato una lettera. Alla fine mi ricordai di quella che avevo scritto con mio marito e il nostro amico in cui c'erano le proposte per l'ashram. La lettera era ancora esattamente dove l'avevo lasciata, sotto la foto di Lakshmi sul mio altare.

Chiesi ad Amma se si stesse riferendo alla lettera sul mio altare e lei rispose entusiasticamente: "Sì!", e poi elencò dettagliatamente ogni singolo punto delle nostre proposte. Aggiunse anche che le erano piaciute tutte quelle idee e che era molto contenta che avessimo pensato a come vivere più in armonia con Madre Natura.

Questa conversazione suscitò in me un timore reverenziale e una gioia infinita. Come poteva sapere i dettagli di una lettera che non le era mai stata consegnata?

Nel corso degli anni ogni suggerimento contenuto in quella lettera è stato messo in pratica. L'ashram è passato dal bruciare l'immondizia alla creazione di un imponente dipartimento di gestione dei rifiuti: praticamente ricicliamo tutto. Adesso abbiamo anche un dipartimento che si occupa del compostaggio, che utilizziamo per concimare le numerose coltivazioni vicino all'ashram. Abbiamo persino una Clinica del Benessere dove vendiamo le erbe biologiche che coltiviamo nell'ashram. Abbiamo posto pannelli solari sul tetto dell'auditorium dove si cantano i *bhajan* e in ogni angolo, su ogni fazzoletto di terra dell'ashram, coltiviamo ortaggi biologici.

Forse la cosa più elettrizzante è che i programmi e le attività che abbiamo proposto vengono ora realizzati anche all'esterno dell'ashram, contribuendo così a migliorare il mondo. Il programma "Amrita SeRVe", istituito da Amma, insegna le tecniche di coltivazione utilizzate in agricoltura biologica nei villaggi indiani. Il dipartimento che si occupa di gestione dei rifiuti tiene lezioni sul riciclo e organizza giornate di pulizia ambientale chiamata ABC (Amala Bharatam Campaign), in cui si raccolgono i rifiuti e si puliscono i luoghi sacri e i fiumi dell'India, compreso il sacro Gange!

Negli ashram di Amma in Europa, negli Stati Uniti e in Canada, si producono ortaggi e frutti biologici e si coltiva utilizzando la permacultura, si usano tecniche di risparmio dell'acqua, si allevano api e si tengono corsi sull'agricoltura sostenibile.

Amma non solo conosce i nostri cuori, ma la sua Grazia ha guidato più progetti e iniziative ambientali di quanti avremmo potuto mai immaginare!

Memore di quell'esperienza incredibile, scrivo spesso lettere ad Amma che poi depongo sul mio altare, sotto la sua foto. Mentre scrivo la lettera, so che lei già conosce il contenuto.

Quando le apro il mio cuore, ricevo sempre una risposta assolutamente chiara che può giungermi sotto forma di soluzione a un problema, oppure tramite le parole di un amico che mi dice esattamente ciò che ho bisogno di sentirmi dire.

Qualunque sia la situazione, quando ci rivolgiamo ad Amma, lei risponde sempre con un amore e una grazia infiniti.

Proprio come il feto è nutrito dall'energia e dalle sostanze nutritive che riceve attraverso il cordone ombelicale, così anche noi siamo nutriti dalla grazia e dal rapporto con Amma. L'essere sinceri con lei, anche solo per un attimo, crea un'apertura grazie alla quale Amma può riaccendere il potere divino che è già in ognuno di noi.

Nell'amore non vi sono distanze. Se apriamo il nostro cuore, sentiremo una forte connessione con Amma e percepiremo la sua saggezza, la sua guida e la sua grazia fluire in noi, ovunque ci troviamo nel mondo. Questo è il potere miracoloso dell'amore innocente e disinteressato.

Capitolo 4

Imparare a sorridere

Il cuore è uno strumento a mille corde che si può accordare solo con l'Amore.

– *Hafiz*

I miei genitori e io siamo immigrati e abbiamo vissuto in un Paese che non attribuiva alcun valore alle differenze. La mia famiglia aveva un aspetto diverso, parlava una lingua diversa, mangiava cibo diverso e aveva tradizioni e rituali diversi. Inutile dire che durante la mia infanzia non mi sono mai sentita accettata.

Quand'ero piccola, vivevamo su una minuscola isola priva di strade e accessibile solo con dei traghetti. Aveva un'unica scuola e ogni anno, nel periodo del raccolto, la scuola si svuotava perché i bambini andavano nei campi ad aiutare i genitori. La gente del posto viveva così da secoli.

Una luce nell'oscurità

Quando fui in età scolare, i miei genitori vollero che frequentassi l'intero anno scolastico e così mi mandarono su un'altra isola. Fu in questo modo che passai la mia infanzia: vivendo in un posto e andando a scuola in un altro. A complicare di più le cose, ogni anno cambiavamo casa e città.

Mi sentivo sola e terribilmente infelice. Ogni volta che facevo amicizia con qualcuno, era il momento di andarsene. Diventò più facile smettere di farsi degli amici. L'unica cosa che i vicini, gli insegnanti e gli altri bambini dicevano di me era che non sorridevo mai.

Questa infelicità profondamente radicata rimase anche con il passare degli anni. Soffrii di una grave depressione, sebbene non ricevetti mai una diagnosi ufficiale della mia condizione. Nessuno riusciva a capire cosa non andasse in me.

Quando entrai nell'età adulta decisi di fare qualcosa per porre fine a questa mia atroce tristezza. Sapevo di avere un problema e volevo guarire. Provai di tutto: cambiai ripetutamente lavoro e casa, praticai il Qi Gong, seguii diete diverse e consultai un'infinità di medici, i quali mi dissero che ero perfettamente sana. Partecipai a *workshop* di guarigione e mi rivolsi anche a terapisti e operatori sociali.

Analizzai la storia della mia famiglia per cercare di comprendere meglio i miei genitori e feci volontariato in ambito politico, spinta dal desiderio di rendere il mondo un luogo migliore.

Nulla sembrava funzionare.

Infine, provai con la religione. Bussai alla porta di tutti gli undici monasteri del mio villaggio, a ognuno di essi. Suonai un campanello dopo l'altro chiedendo un alloggio. Ricevetti undici porte in faccia. La risposta era sempre la stessa: "Non c'è posto per te qui, prendi una stanza nel villaggio".

L'abate di uno di questi monasteri mi permise di restare per una notte. Quando mi disse che ero la benvenuta, scoppiai a piangere.

Avendo esaurito ogni possibilità, prenotai un volo per l'India. Non sapevo nulla della spiritualità, l'unica cosa che sapevo era che ero stata rifiutata undici volte. Ma quando arrivai da Amma tutto cambiò. Lei mi accolse a braccia aperte e, anche se giunsi a mani vuote, mi offrì un posto dove stare.

Adesso Amma ha iniziato a lavorare su di me, mi sta insegnando e aiutando ad avere una migliore comprensione delle cose. Prima d'incontrarla, stavo malissimo. Ero molto debole. Mi sarebbe piaciuto essere una persona migliore, ma non riuscivo proprio a cambiare.

Amma mi ha insegnato che restare attaccati al dolore è come rimanere avvinghiati a un rovo urlando di dolore. Siamo noi a non voler lasciar andare il dolore. Ecco com'ero io, com'era la mia vita.

Sono certa che Amma vuole sinceramente che lasci andare la mia sofferenza, anche se talvolta me la tengo ancora ben stretta. Desidera che io stia bene e sia felice e vuole che cambi più di quanto lo voglia io. Mi colma di tantissimo amore, più di quanto abbia mai conosciuto, e mi ama più di quanto io non riesca ad amare me stessa.

Lentamente e con pazienza, mi sta aiutando a trasformarmi. Grazie ad Amma, per la prima volta da che mi ricordi riesco a sorridere.

Passiamo così tanto tempo nell'inquietudine e nell'angoscia, preoccupandoci del futuro o rimpiangendo il passato. Cerchiamo la felicità all'esterno, pensando: 'Se solo riuscissi a trovare quel gioiello che continua a sfuggirci, allora tutto andrebbe a posto'. Ma in un

modo o nell'altro quel gioiello sembra sempre essere al di fuori della nostra portata...

È molto difficile cambiare la nostra mentalità perché per riuscirci dobbiamo dimorare nel momento presente. Quasi nessuno vive nel presente (per quanto sembri semplice, è molto difficile farlo) ma non dovremmo almeno provarci?

Quando riusciremo a vivere nel qui e ora, scopriremo la gloria della creazione ovunque, anche nei luoghi più insignificanti. È possibile trovarla qui, dinanzi a noi, proprio dove meno ce lo aspettiamo.

Osservate la meraviglia di un uovo o di un seme, la perfezione di una mela... quando vedremo la vita attraverso gli occhi non giudicanti del momento presente, allora la felicità che stiamo continuamente cercando irromperà dalla profondità del nostro essere.

Di recente, alcuni di noi hanno accompagnato Amma nella sala d'attesa riservata dell'aeroporto mentre aspettavamo d'imbarcarci. Dopo essermi assicurata che Amma si fosse accomodata, sono andata a recuperare la borsa che avevo lasciato a una devota. Durante il tragitto ho visto un'altra devota che aspettava trepidante Amma nella zona d'imbarco e le ho detto di non disturbarsi ad attendere perché Amma non sarebbe più ripassata; saremmo saliti sull'aereo direttamente dalla sala d'attesa riservata della compagnia aerea. Dopo aver scambiato qualche parola con lei, ho preso la mia borsa e sono tornata da Amma, sedendomi accanto a lei.

Improvvisamente Amma si è alzata e ha dichiarato che voleva tornare al cancello d'imbarco e stare con le persone che stavano aspettando. Con delicatezza, ho obiettato dicendo che saremmo potute salire sull'aereo direttamente da quella sala. La porta d'accesso era a meno di cinquanta metri. Non volevo che lei dovesse inutilmente scendere e salire le scale, ma Amma ha insistito dicendo: "No, voglio stare un po' con i miei figli".

Non sono riuscita a raccogliere rapidamente tutte le nostre borse e così Amma è andata da sola dal gruppo che viaggiava con lei. La devota con la quale avevo parlato prima si trovava nel corridoio della zona d'imbarco da sola. Con sua grande meraviglia, Amma è sbucata da dietro l'angolo e l'ha salutata.

Quando due minuti dopo sono passata vicino a questa donna, lei mi ha fissato estasiata e ha farfugliato qualcosa che non riuscivo a comprendere. Mi sarebbe piaciuto fermarmi e ascoltare, ma dovevo raggiungere Amma e quindi mi sono allontanata correndo.

Qualche giorno dopo ho ricevuto un'email da questa devota che mi spiegava perché quel giorno non era stata in grado di formulare una frase coerente. Ecco il testo del messaggio:

"WOW, WOW, WOW! Quale Grazia! Sono rimasta da sola con Amma per qualche secondo. Mi ha salutata, guardata e mi ha toccato la mano. Mi sono sentita in paradiso; mi sembrava di essere in un sogno divino! Che fortuna restare da sola con Amma e poi viaggiare con lei sullo stesso aereo! Sono ancora in estasi!"

Quando scopriamo la spiritualità, essa diventa il tesoro più grande della nostra vita. Quando guardiamo il mondo con gli occhi dell'amore, qualcosa di piccolo come un semplice tocco e qualche parola possono far volare alto il nostro cuore. Essere fisicamente vicini ad Amma ci dona una gioia, una beatitudine inimmaginabili. Tuttavia Amma desidera che ci impegniamo a conseguire la felicità suprema e duratura presente in noi: la capacità di essere con lei in ogni momento nel nostro cuore.

Quando ci sforziamo di vedere il Divino in tutto e tutti, allora, indipendentemente dalle circostanze che la vita ci presenta, troveremo la pace e la beatitudine.

Capitolo 5

Decidere di servire

*Migliaia di candele possono essere
accese da un'unica candela.*

– *Il Buddha*

La mia vita è sempre stata caotica. Sapevo di voler aiutare le persone, ma non riuscivo a capire esattamente in che modo. Sentivo un vago desiderio, qualcosa che, seppure confuso e sepolto, era sempre presente.

La mia carriera iniziò insegnando recitazione teatrale per alcuni anni, poi andai a vivere su un peschereccio e passai dieci anni nel Mar Mediterraneo, trascorrendo le giornate e le notti facendo immersioni. In seguito intrapresi la carriera di scultore. Tre anni dopo decisi di vendere lo studio: era giunto il momento di voltare pagina. Fu allora che mi trovai davanti una scelta: acquistare un'auto o trascorrere un anno e mezzo vivendo con Amma in India. Scelsi l'India.

Il tempo che trascorsi con Amma fu straordinariamente bello. Lei mi aprì gli occhi e alla fine ebbi l'opportunità di servire davvero, proprio quello che avevo sempre voluto. Sapevo che prima o poi sarei dovuto tornare a casa e così, a un mese dalla mia partenza, feci una domanda ad Amma. Nel profondo del cuore desideravo intensamente lavorare con i giovani, ma non mi era ancora chiaro cosa avrei potuto fare per loro. Sapevo solo che in qualche modo volevo aiutare.

Salii sul palco con la domanda pronta: "Cara Madre, desidero servirti per l'eternità, ma non so ancora esattamente come. Ti voglio bene".

La traduttrice mi guardò un po' scettica: "Sei sicuro di sapere cosa stai chiedendo? Vuoi servire Amma *per l'eternità*?".

Annuii.

"In che modo vorresti servire?" mi chiese.

Poi, davanti ad Amma, nella mia mente si delineò un progetto. Successe tutto in quell'istante. L'idea che mi arrivò era ben definita.

Dovevo creare una casa per le giovani donne che non avevano nessun altro posto dove andare, per le prostitute, per le ragazze che erano state abusate sessualmente. Avrebbe accolto le persone emarginate dalla società e i bambini rifiutati dal sistema e che nessuno voleva. Sarebbe stato un centro di riabilitazione e di accoglienza.

Avremmo avuto una stanza per la meditazione, coltivato ortaggi biologici che avremmo poi cucinato, organizzato seminari, praticato sport e tenuto lezioni di yoga. Le ragazze avrebbero ricevuto lezioni private e un sostegno terapeutico. Sarebbe stato un posto sicuro dove i protettori non le avrebbero trovate, una struttura senza droghe e in cui non avrebbero subito abusi. Sarebbe stato un luogo felice, di trasformazione e guarigione.

Quando venne comunicata questa idea ad Amma, lei scoppiò in una grande risata di pura gioia. Ancor oggi, la gioia che espresse in quel momento è il mio nutrimento.

Nei momenti difficili, quando mi sarei trovato davanti ad ostacoli, avrei ricordato questa sua risata. Poi Amma mi disse che aveva udito ogni mia preghiera, che l'idea che mi era balenata era sua e che questo progetto era esattamente ciò che desiderava realizzare in Francia.

Quando le chiesi di dargli un nome, Amma fece una pausa; sembrava che stesse guardando nel futuro e poi rispose che il nome sarebbe arrivato spontaneamente quando avrei trovato la casa.

Mi fu chiaro che era in grado di vedere con gli occhi della sua mente il luogo e la concretizzazione del mio desiderio. Questa sensazione mi sarebbe stata di grande sostegno durante i difficili mesi che seguirono.

Quando tornai in Francia, mi misi immediatamente all'opera. Creai un sito web e cominciai a organizzare una raccolta fondi; in seguito mi occupai dei documenti necessari e delle interminabili pratiche burocratiche.

Avevo finito i soldi, ma invece di cercare un impiego e pensare alle mie necessità (come avrei fatto in passato), decisi di continuare a lavorare sul progetto a tempo pieno. Non presi in affitto un appartamento, ma scelsi di vivere presso vari amici, dormendo su un divano di qualcuno per qualche notte e poi andando da un altro. Quando il bisogno di denaro diventò pressante, per restare a galla accettai un lavoro temporaneo in una fabbrica. Sentivo la presenza di Amma in ogni momento; era presente in ogni singolo istante.

Decidere di servire

Ogni volta che dovevo fare una telefonata importante, sentivo che lei era al mio fianco. La sua Grazia mi seguiva ad ogni passo.

La volta successiva che andai al darshan le offrii una piantina. Desideravo disperatamente che mi donasse a sua volta un albero da piantare vicino alla casa, ma mi diede una mela. Non mi aveva mai dato una mela prima di allora.

Quando mi sedetti a meditare dopo il darshan, mi resi conto che mi aveva dato proprio l'albero che desideravo. In quella mela speciale c'era solo un seme. Quando tornai in Francia lo piantai e poi aspettai, vegliandolo con pazienza.

Il progetto andava avanti. Cercai una casa, sbrigando attentamente tutte le pratiche burocratiche e costituii un consiglio di amministrazione. Tutto era a posto e, il mattino del primo giorno di riunione del consiglio, il piccolo seme germogliò.

Tutto ciò che avevo sempre desiderato davvero nella vita era mettere al servizio degli altri le mie capacità, la mia energia e la mia vita. Prima di viaggiare con Amma, non sapevo cosa avrei potuto fare ma lei mi ha dato la visione, ha ispirato la mia immaginazione e dato forza al mio cuore. Non ci sarei mai riuscito senza di lei. Ora posso vivere il mio sogno.

Queste ragazze che vivono nella casa non lo sanno ancora, ma sono figlie di Amma. Amma ha benedetto la nostra casa futura e io ho fede in lei. Senza la grazia di Amma, senza la sua forza, nulla di tutto questo sarebbe possibile.

So che ci saranno momenti difficilissimi. Dobbiamo affrontare molti pericoli: suicidi, atti di violenza e, tra gli altri, consumo di stupefacenti, ma vivremo anche momenti magici. Quando vedo il posto, vedo gioia, musica e danza. Vedo il sorriso di Amma sui volti di queste ragazze e so che col tempo le loro vite saranno trasformate.

I giovani d'oggi stanno crescendo in momenti difficili. Negli ultimi anni il sistema dei valori tradizionali si è deteriorato tantissimo e i nostri figli ne soffrono. Tuttavia Amma ci ricorda molto dolcemente che esiste un altro modo.

Amma ispira le persone, seme dopo seme, pensiero dopo pensiero, abbraccio dopo abbraccio, a fare una bellissima differenza nel mondo. Tutti noi abbiamo la capacità di chinarci verso Madre Terra e condividere la sua gioia piantando qualcosa di bello, che sia il seme di una mela o una struttura di accoglienza comunitaria.

Se lasciamo che Amma pianti il seme dell'amore altruista nel nostro cuore, raccoglieremo senz'altro tutte le più grandi benedizioni e gioie che la vita è capace di offrire.

Capitolo 6

Mai soli

Il dubbio è un dolore troppo solitario per accorgersi che la fede è sua sorella gemella.

– Khalil Gibran

In gioventù ero cristiana, cattolica per essere precisa. Pur essendo estremamente devota, ero molto irritata con la Chiesa. Vivevo in una comunità molto benestante in cui i sacerdoti indossavano anelli e orologi d'oro e tenevano eleganti sermoni: tuttavia nessuno raccontava che avessero mai donato denaro ai poveri o prestato aiuto nei centri di accoglienza per i senzatetto.

Quando avevo diciassette anni, la parrocchia organizzò un incontro aperto a tutti i parrocchiani per parlare di fondi e di cosa si sarebbe fatto con il denaro raccolto. Fui l'unica ad andarci. Il parroco mi mostrò con orgoglio i disegni di un importante progetto di ristrutturazione che sarebbe stato finanziato con le offerte raccolte.

Intendevano raddoppiare la capienza della chiesa, estendere il parcheggio, aggiungere un negozio di souvenir e commercializzare qualsiasi cosa. Sapevo che c'erano altre parrocchie del quartiere che stavano facendo lo stesso, ma ritenevo questi progetti inutili e stravaganti.

"E le opere di carità?", chiesi, "Non contribuiamo a nessun progetto caritatevole?" Sebbene andassi regolarmente in chiesa, non avevo mai sentito il sacerdote accennare a destinare le offerte ai poveri.

"Versiamo una modesta somma di denaro a un ospedale", rispose il parroco imbarazzato, "Ogni mese diamo un piccolo contributo a questa struttura, ma non siamo i soli ad aiutare. Molte parrocchie si sono riunite per sostenere finanziariamente l'ospedale".

Lasciai la Chiesa Cattolica.

L'unica alternativa possibile era frequentare una delle parrocchie protestanti del quartiere. Dove vivevo non c'era molta scelta: o eri cristiano o eri ateo.

Le chiese protestanti erano molto più divertenti e vive e permettevano l'uso di chitarre e musica. Gli amici cominciarono a portarmi ai concerti rock cristiani: fantastici! La loro musica era ricca di passione e, a volte, di spiritualità. Per la prima volta nella mia vita sentii una connessione reale con un Dio dinamico e vivo, ma mi mancava ancora qualcosa.

Iniziai a parlare con alcuni agnostici: avevano un sacco di argomentazioni assai valide e quando mi facevano domande impegnative su Dio, non sapevo cosa rispondere. Ero ancora cristiana, ma molti aspetti della mia fede mi lasciavano perplessa. Mi sarebbe piaciuto essere più vicina a Dio; sapevo di essere alla ricerca di qualcosa e mi sentivo molto lontana dall'averlo trovato.

Il mio più grande desiderio era servire il mondo. A quei tempi mi sentivo molto frustrata perché nessuno capiva questa mia aspirazione e io stessa non la capivo. Adesso, dopo aver incontrato Amma, tutto questo ha acquisito molto più senso.

Quando lasciai il college, fui finalmente libera di pensare per la prima volta con la mia testa. Allo stesso tempo ero molto sola e cominciai a cercare una relazione; desideravo qualcuno con il quale condividere le mie convinzioni sulla spiritualità.

La maggior parte della gente che incontravo era agnostica o cristiana estremista, non c'era la via di mezzo. Poi incontrai un ex cristiano che (al mio sguardo critico) aveva abbandonato la sua fede; non si preoccupava di finire all'inferno, della vita dopo la morte o di qualcosa di simile, e preferiva trascorrere il suo tempo meditando a casa sua. Sentii l'immenso desiderio di salvarlo. Dopotutto, questo è quello che fanno i cristiani: salvano le persone.

Mi sembrava un compito proprio adatto a me. Ecco qualcuno che aveva letto la Bibbia, dall'inizio alla fine. Qualche anno prima, questo ragazzo era stato infatti uno di quei giovani che vanno in giro cercando di convertire la gente. Adesso sedeva semplicemente a meditare a casa e, ovviamente, non era più cristiano. Ero sconcertata, non riuscivo a capire, e pensavo che avesse qualcosa che non andava, ma la verità era che ero io ad avere bisogno di lui.

Trascorremmo insieme alcuni mesi fantastici. Non cercò mai di salvarmi, non gli interessava. Gli importava solo di me. Parlavamo molto di spiritualità e mi fece conoscere idee e concetti nuovi. Mi diede alcuni libri su Gesù che presentavano Dio sotto una luce completamente nuova, ma la cosa più importante fu che mi insegnò a meditare. Si trattava di una tecnica di meditazione non dualistica molto semplice, che mi piacque molto. Non mi sembrava un problema essere una cristiana che medita, ma le mie amiche delle superiori ne furono sconvolte, scioccate. Mi regalarono molte Bibbie, un'infinità di Bibbie. Una di loro mi inviò un video che mostrava i bambini della sua classe alla scuola materna seduti assieme a pregare e mi disse che pregavano tutti per me e che speravano che sarei ritornata a Dio. Tutto ciò perché avevo cominciato a meditare! Che strana cosa!

Tali persone erano le mie amiche più care, ragazze che conoscevo da anni, ma se mettevo in discussione le loro convinzioni su Gesù o intavolavo semplicemente un dibattito sull'argomento, si arrabbiavano e, scombussolate, chiudevano il discorso. Ero profondamente scossa.

Mi dissero che sarei finita dritta all'inferno. Per loro tutto era bianco o nero. Mio cugino mi disse in parole povere che, se un bambino fosse morto prima di avere potuto accettare Gesù nel proprio cuore, sarebbe finito all'inferno. Un bambino? Dov'era il Dio d'amore in tutto questo?

Sapevo che gli amici e la mia famiglia non pensavano con la loro testa; potevano recitare facilmente i testi della Bibbia ma, quando venivano interrogati a riguardo, non erano in grado di spiegarne il significato. Quando cominciai a fare delle domande, si rivoltarono tutti contro di me.

Fu circa in quel periodo che diventai amica di una donna incontrata al college. Era una devota di Amma ma, a differenza dei miei amici di scuola, era tollerante e non cercò mai di convertirmi. Diventammo vere amiche; ogni volta che mi parlava di Amma, e non capitava molto spesso, io facevo quasi sempre collegamenti con Gesù e lei si limitava semplicemente a sorridere.

Un giorno mi portò a un *satsang*. Si trattava di un gruppetto di persone che si riunivano per cantare *bhajan* e cenare insieme. La mia prima impressione fu che la gente era abbastanza simpatica, ma il *satsang* era strano, molto strano. Quelle persone adoravano una donna! C'era una cosa di cui ero assolutamente certa: non avremmo mai dovuto adorare nessuno all'infuori di Gesù. Sapevo che non sarei mai più tornata da loro. Praticavano l'idolatria. Era sbagliato. Francamente, mi ero recata all'incontro solo per far felice la mia amica. La cosa non faceva per me.

Qualche tempo dopo passai una notte terribile. Io e il mio ragazzo ci eravamo lasciati qualche settimana prima e mi sentivo estremamente sola. La depressione che aleggiava come uno spettro sopra la mia testa da quando ci eravamo lasciati cominciò a prendere il sopravvento. Ero sdraiata sul letto singhiozzando. All'improvviso fui assalita dalla paura che avrei potuto farmi del male. Sapevo che dovevo uscire e andare da qualche parte. Non sapevo dove e non feci particolarmente caso a dove sarei finita.

Cominciai a guidare, svoltando alla cieca agli incroci e allontanandomi dalla città. Piangevo così forte che vedevo a fatica la strada. Non avevo la più pallida idea di dove fossi o stessi andando. Dopo un po' mi trovai in campagna e all'improvviso riconobbi il posto.

Era il Centro di Amma, quello in cui mi aveva portato la mia amica qualche mese prima. Francamente non sapevo la strada, ma era proprio lì che l'auto mi aveva condotta.

Erano l'una o le due del mattino quando arrivai e non c'era anima viva. Mi diressi verso l'unico edificio che vidi e cercai di aprire la porta. Con mia grande sorpresa, era aperta. Di fronte a me vi era un'ampia sala vuota e completamente spoglia, a eccezione di una gigantesca foto di Amma, sul cui viso brillava, solitaria, una luce.

Non sapevo nulla di lei, chi fosse e cosa significasse tutto questo, ma aveva un sorriso dolcissimo.

Mi sedetti davanti a quella foto e tra i singhiozzi aprii il mio cuore ad Amma e le raccontai tutti i miei problemi.

Avevo l'impressione che mi stesse davvero ascoltando. In qualche modo sapevo che poteva sentirmi. Vi era una presenza tangibile nella stanza e mi sentii rincuorata. Desideravo solo che mi abbracciasse.

Su un tavolino situato in un angolo della sala vidi tantissime bamboline in vendita raffiguranti Amma; erano bellissime. Prima di allora non ero mai stata particolarmente attratta dalle bambole, almeno non dopo i sei anni, ma adesso desideravo intensamente avere una mia bambola di Amma.

Ne presi una e la tenni in braccio per un bel po'. Mi sembrava che Amma stessa mi abbracciasse attraverso di lei. Dovevo averla. Guardai quanto costava e la somma che avrei dovuto versare al Centro e poi presi la bambola con me e la portai a casa.

Arrivai nel mio appartamento al sorgere del sole. Crollai sul letto e mi addormentai tenendo stretta al cuore la mia piccola Amma. Quando mi svegliai qualche ora dopo stavo molto meglio. La depressione era sparita quasi del tutto. Da quel momento, ogni volta che mi sentivo triste, mi tenevo stretta quella bambolina e sapevo che tutto sarebbe andato bene.

Non posso dire che tutto il mio dolore sia scomparso quella notte o che da allora tutti i miei problemi siano svaniti all'istante, ma sicuramente avvenne un grande cambiamento. Da quella notte sento dentro di me un profondissimo coraggio e una grande forza, che nascono dalla consapevolezza che Amma mi è sempre accanto.

Amma ascolta sempre le nostre speranze, i nostri sogni, il nostro dolore e le nostre preghiere, e ci capisce più profondamente di quanto noi capiamo noi stessi.

Lei riesce a vedere attraverso la notte più buia, nel profondo della nostra anima, mentre noi riusciamo a percepire solo i muri interiori di separazione e di dolore che ci tengono lontani l'uno dall'altro. Persino quando non riusciamo ad avvertire la sua presenza, dobbiamo ricordare che Amma è comunque sempre con noi.

Anni fa, mentre viaggiavamo in treno in India, Amma disse che ogni azione che lei compie ha un significato. Lo disse nel cuore della notte, tra New Delhi e Calcutta. Quando il treno entrò in stazione, dal binario si levò un canto: "Om Amriteshwaryai Namaha... Om Amriteshwaryai Namaha..."

I devoti si erano radunati sperando di vedere Amma anche solo per un attimo. Lei si alzò e corse alla porta del vagone, desiderosa di vederli.

"Potete aprire?" chiese. Il chiavistello era bloccato, ma improvvisamente si sbloccò e lei riuscì a sorridere alla folla che si era radunata... ma per pochissimo tempo. Non appena il treno riprese a muoversi, la porta si richiuse.

Amma non aveva ancora finito: premette il viso contro il vetro e sorrise amorevolmente a chiunque si trovasse sul binario. L'amore scorreva attraverso quella porta del treno e solo un vetro sottile separava Amma dai devoti. Le persone si avvicinarono di più al treno, cercando di toccare lei o almeno il vetro che li separava. Amma premette la mano sul vetro facendola combaciare con quella di un uomo che l'aveva premuta dall'altra parte. Poi "toccò" di nuovo la mano di una donna attraverso il vetro.

Mentre il treno si allontanava lentamente dalla stazione, tornammo nello scompartimento di Amma. Il vetro del suo finestrino era oscurato. I devoti non potevano vedere Amma, ma lei poteva vederli. Vide tutti quelli che seguivano il treno chiamandola. Alcuni sollevavano le mani sopra il capo per salutarla, altri cercavano di toccare il finestrino perché era comunque quello di Amma...

"Così va il mondo", disse Amma mentre li osservava, "Io posso vederli, ma loro non riescono a vedermi. Il Guru vede tutto e tutti, ma nessuno vede realmente il Guru".

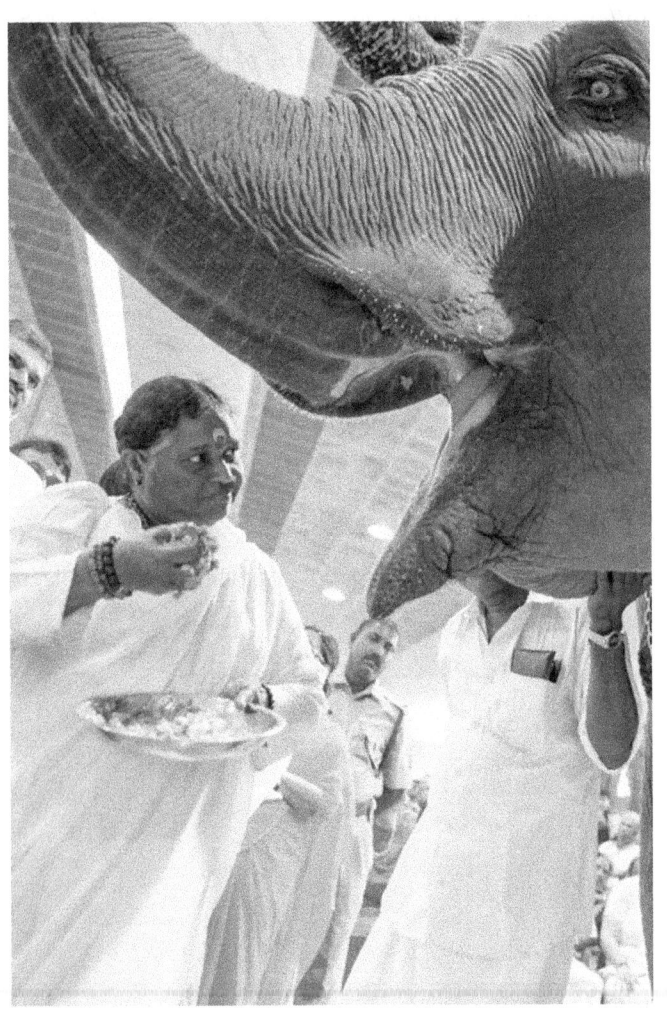

Capitolo 7

Ben fatto

La domanda più insistente e urgente è:
'Cosa stai facendo per gli altri?'

– *Martin Luther King*

La mia intenzione era svegliarmi presto e recarmi al programma di Amma ma, naturalmente, non fu così. Dormii fino a tardi. Un'amica mi chiamò e mi svegliò a mattino inoltrato. "Dove sei?" mi chiese, "Vieni?" Amma era a Los Angeles e l'avrei incontrata per la prima volta.
Saltai fuori dal letto, corsi al programma e arrivai verso le undici. Il numero del mio biglietto per il darshan (*token*) era ZZYZ, o qualcosa del genere, e i volontari al programma mi dissero che probabilmente non avrei avuto il darshan prima delle tre del mattino. Avevo un sacco di tempo da ingannare e così cominciai a guardarmi intorno.

Una luce nell'oscurità

La prima cosa che attirò la mia attenzione furono tutte le attività di volontariato e le opere caritatevoli di Amma. Amo fare volontariato, così trascorsi un po' di tempo a leggere informazioni sui progetti di Amma. Poi notai i banchetti vendita: che idea fantastica! In quel momento sentii un gruppo musicale che stava per cominciare a suonare... banchetti vendita e musica? Ero in paradiso.
Non sapevo nulla di quel posto, ma già mi piaceva. La mia amica mi fece cenno di avvicinarmi, mi aveva tenuto un posto a circa dieci file di distanza da dove sedeva Amma. Anche il ragazzo vicino a me era lì per la prima volta e chiacchierai un po' con lui. Mi girai per guardare Amma e improvvisamente le persone davanti a lei si fecero da parte. Sembrava la divisione delle acque del Mar Rosso.
Amma mi guardò e sorrise.
La sensazione di puro amore che fluiva dal suo sguardo attraversò tutto il corpo e mi sentii come avvolta da sofficissima ovatta. Ricordo che pensai: "Assomiglia all'amore, ma un tipo d'amore che non ho mai provato finora". Dovevo assolutamente avvicinarmi di più. Mi feci strada e giunsi alla fila dietro ai musicisti, mi sedetti e mi misi a fissare Amma. Più la contemplavo, più il mio cuore si riempiva

d'amore. Rimasi inchiodata lì per sette ore, senza battere ciglio.
Tornai ogni giorno per tutta la durata del programma di Amma a Los Angeles. Il mattino dopo la sua partenza mi alzai con la mente che girava a vuoto. "E adesso cosa faccio?" mi chiesi. Non mi bastava rivedere Amma prima o poi, volevo vederla di nuovo *ogni* giorno. Tutto quello che volevo era stare con lei. Per ore pensai a come poterci riuscire.
Dopo la sua partenza mi sentivo triste e spaesata e avevo bisogno di ritornare con i piedi per terra. "Beh, potrei andare a fare shopping", pensai, "Funziona sempre". Così mi comprai un caffè e poi mi diressi verso il centro commerciale ad acquistare un paio di scarpe. Mi sedetti sul divanetto del negozio di calzature mentre mi domandavo: "Ma cosa sto facendo?" Lo shopping aveva perso molto del fascino avuto in passato.
Feci un giro tra gli scaffali e alla fine trovai qualche paio di scarpe che mi piaceva: ma ogni due minuti mi fermavo di colpo e ricominciavo a sognare ad occhi aperti pensando ad Amma. "Cosa sto facendo?", mi dicevo, "Perché perdo il mio tempo a comprare scarpe? Voglio solo stare con lei".

Mentre mi recavo alla cassa, una ragazza mi fermò e indicando le scarpe che avevo in mano esclamò: "Che belle! Dove le ha trovate?". Le indicai lo scaffale e poi iniziammo a parlare.

Mi confessò che avrebbe dovuto andare a un matrimonio qualche ora dopo e che non aveva un paio di scarpe adatte. "Odio fare shopping", disse, "Mi sento così persa e sopraffatta in questi grandi centri commerciali!". Mi ringraziò per il mio aiuto e poi ognuna andò per la propria strada.

Avevo appena terminato di pagare quando la ragazza ricomparve. Chiese alla cassiera se ci fosse un altro paio di scarpe come quelle che avevo appena acquistato.

"Era l'ultimo paio" rispose categorica la donna. Le spalle della ragazza si incurvarono leggermente mentre si allontanava un po' triste e disorientata.

Di punto in bianco, uno strano pensiero irruppe nella mia mente: "Non lasciar andare via quella ragazza! Dalle le tue scarpe!".

"Cosa? Neanche per sogno! Non lo farò!"

Il pensiero ritornò con più forza. "Non lasciar andare via quella ragazza! Raggiungila e dalle le tue scarpe!"

Ben fatto

"No!", mi dissi fermamente, "*Non* ho assolutamente intenzione di rincorrere quella ragazza. È troppo strano. Mi tengo le scarpe".
Il pensiero ritornò. Impossibile ignorarlo.
Mi guardai intorno per un paio di minuti, cercando riluttante di trovarla. Non la vidi da nessuna parte e, convinta che avesse lasciato il negozio, emisi un sospiro di sollievo.
Poi lei riapparve.
Cosa potevo fare? Mi diressi verso la giovane e dissi: "Ecco, prenda le mie scarpe. Servono più a lei che a me". Mi guardò inorridita, come se mi fossero spuntate due teste o qualcosa di simile. "È così strano, non posso, sono sue!"
"Sì, ma lei deve andare a un matrimonio tra due ore! Io le stavo comprando solo per il gusto di farlo. Lei ne ha bisogno, a me non servono". La ragazza non disse nulla. "Guardi, non c'è niente di strano, non complichiamo le cose. Prenda semplicemente le scarpe. Le provi".
Mi guardò per un attimo: "Veramente...?" Le scarpe le calzavano perfettamente; era al colmo della gioia, ma mi guardò esitante: "È sicura?".
"Ascolti, non c'è niente da discutere". Alzai gli occhi al cielo: "Deve prenderle".

All'improvviso fui pervasa da un fortissimo formicolio. Era la stessa sensazione che avevo provato durante il primo darshan con Amma e tutto divenne chiaro: "Ecco! Questo è un insegnamento di Amma". La giovane sorrise felice ed esclamò: "Questa è una delle cose più carine che qualcuno abbia fatto per me… e io non la conosco nemmeno. Al matrimonio racconterò questa storia a tutti. D'ora in poi, ogni volta che guarderò nell'armadio mi ricorderò della sua gentilezza e di essere gentile a mia volta con gli altri".

Era stata la cosa più semplice, un piccolo gesto in un centro commerciale di Los Angeles, un semplice paio di scarpe… eppure era qualcosa di più. In quel momento Amma era lì. Mi parve di avere ricevuto il suo darshan.

In quel momento capii che questo piccolo gesto di donare con il cuore crea un effetto domino.

Nonostante questa grande scoperta, mi sentivo ancora scossa e così feci l'unica cosa sensata: riprendere lo shopping. Questa volta andai in un Apple Store. E com'era successo nel negozio di calzature, mi sedetti con una tazza di caffè in mano mentre mi dicevo: "Un attimo, cosa è appena successo?".

Ben fatto

Mi voltai. Vicino a me c'era una ragazzina che assomigliava ad Amma. Aveva la pelle dello stesso colore, gli stessi capelli, gli stessi occhi e proprio lo stesso naso. Salì sullo sgabello vicino a me e si sedette con le mani sul mento nello stesso modo in cui fa Amma. Mi guardò negli occhi e sorrise.
Sapevo esattamente cosa mi stesse dicendo Amma: "Ben fatto!".

Nella vita è importante pensare agli altri e non solo a ciò di cui abbiamo bisogno o che desideriamo. La spiritualità è molto semplice e concreta e comporta l'usare il buon senso che è insito in ognuno di noi.

Amma ci insegna a esercitare il nostro discernimento innato. Tutti noi abbiamo un intuito che ci dice ciò che è giusto e ciò che è sbagliato. Se lo ascoltiamo quando cerchiamo di aiutare (e di non ferire) gli altri, sapremo intuitivamente qual è il modo corretto di comportarci.

Amma sottolinea spesso che, se non vi è compassione nelle nostre azioni, anche la parola "amore" è solo una parola morta. Finché i nostri cuori non si scioglieranno di compassione per gli altri, non potremo sperimentare il vero amore.

Quando a volte sacrifichiamo le nostre esigenze per aiutare gli altri, in realtà riceviamo molto di più di quando ci procuriamo qualcosa solo per noi stessi. Facendo del bene, il nostro cuore si apre e crea uno spazio, permettendo ad Amma di entrare.

Capitolo 8

In cerca d'amore

Il buio non scaccia il buio; solo la luce può farlo. L'odio non può scacciare l'odio; solo l'amore può farlo.

– Martin Luther King Jr.

Mia madre è una persona davvero eccezionale. È sempre stata presente per me. Mi adorava e si prendeva cura di me coprendomi d'affetto. Mio padre invece era solito picchiarla. A volte lei piangeva, ma non si lamentava mai. Credo che una parte di lei fosse convinta di meritarselo.

Mio padre non mi picchiò mai, ma non sembrava neppure che io gli piacessi molto. Per lui non ero mai abbastanza brava e non c'era nulla che potessi fare per renderlo felice.

Un giorno, quando avevo quasi otto anni, feci finalmente qualcosa di cui poter essere orgogliosa. La maestra ci restituì i nostri quaderni con i riassunti e sul mio c'era un "Ottimo" scritto in alto sul foglio, a grandi lettere rosse. Ero così felice! Finalmente avevo qualcosa da mostrare a mio padre.

Lui prese il quaderno accigliato e, mentre leggeva il mio compito di due pagine scritto con cura e con la mia migliore grafia, le sue sopracciglia si aggrottarono di più. "Qui", disse, "Guarda qui! Hai fatto un errore". Avevo fatto un errore di ortografia. Era furioso e mi mise in castigo per tre giorni.

Poi, quando avevo dodici anni, mio padre semplicemente se ne andò. Per la prima volta dopo anni potevo respirare: niente più violenza, niente più paura. Ricordo che mi precipitai a casa con l'autobus della scuola e per la prima volta nella vita il mio stomaco non era bloccato dall'ansia.

Mi trovai un ragazzo e poi un altro. Dai dodici ai ventisei anni (quando incontrai Amma) nella mia vita ce ne fu sempre uno. Di solito avevo due ragazzi allo stesso tempo, per stare tranquilla. In quel modo, se uno mi avesse lasciata non sarei stata sola. A volte i due si conoscevano, a volte no, ma non mi importava. Volevo soprattutto compagnia, ma loro si aspettavano sempre qualcosa di più e io glielo offrivo. Pensavo che fosse la ricompensa per i loro favori, per il fatto che tenevano lontano quel mio terribile

In cerca d'amore

e incombente senso di solitudine. Sentivo che gli spettava per l'amicizia che mi davano. Mi odiavo, mi detestavo con tutte le mie forze e credevo che anche gli altri avrebbero provato lo stesso nei miei confronti, perlomeno una volta che mi avessero conosciuta. Ero irascibile e violenta, proprio come mio padre. Trascorrevo il tempo cercando di soddisfare i miei desideri più bassi e il mio mondo era pieno di nemici; i miei soli amici dovevano essere allettati con dei favori.

La mia vita girava a vuoto e nulla suscitava il mio interesse. Abbandonai gli studi e odiai ogni lavoro che intrapresi. Nonostante avessi due (o anche tre) relazioni, mi sentivo completamente sola.

Una notte toccai il fondo. Sdraiata sul pavimento di casa, urlai a Dio: "Devi salvarmi! Devi tirarmi fuori da qui! Non ce la faccio più ad andare avanti così..."

Fu allora che arrivò Amma.

Un mio amico era un suo devoto. Quando Amma venne in Europa, lui mi chiamò ogni giorno, assillandomi perché andassi a incontrarla. Era tenace fino alla noia e per farlo smettere gli promisi che avrei chiesto alla mia responsabile il permesso di assentarmi dal lavoro; ero certa che me lo avrebbe negato. Il ristorante in cui lavoravo era molto frequentato e con poco personale: lavoravamo già diciotto ore al giorno.

Quando glielo chiesi, lei mi guardò, ovviamente sorpresa per la richiesta: "Ti farà bene?" mi chiese.

Cosa potevo rispondere? Le dissi: "Beh, il mio amico mi telefona ogni giorno per dirmi che mi farà bene…"

"Ti bastano due giorni o te ne servono di più?"

Rimasi a bocca aperta per la sorpresa.

Due giorni dopo arrivai al programma, agitata e scettica. Mi sedetti in una delle prime file, aspettando che questa "Amma" arrivasse.

Quando entrò nella sala, non vidi che luce. Nient'altro. Era un'energia enorme, brillante, più grande della sala. La luce sembrava muoversi intorno al suo piccolo corpo; irradiava da lei, ma non si limitava a lei.

Dopo aver ricevuto il darshan di Amma, per la prima volta dopo anni riuscii a rilassarmi. Piansi per tutta la notte.

Sapevo di avere trovato Dio.

Mi sono sempre considerata ostinata, ma con Amma ho trovato pane per i miei denti. Amma mi ha costretta a cambiare, nonostante facessi ogni sforzo per autodistruggermi.

Il primo cambiamento che operò nella mia vita fu sconvolgente. Nel giro di una notte persi ogni sex appeal. Entrambi i miei ragazzi mi lasciarono, uno dopo l'altro. Fu orribile.

Fu in quel momento che strinsi amicizia con una donna e poi con altre. Avevo sempre temuto le donne perché non riuscivo a manipolarle. Ora, per la prima volta in quindici anni, nella mia vita c'erano persone con le quali potevo parlare senza secondi fini. La cosa più assurda era che sembrava mi apprezzassero davvero.

Qualche mese dopo aver incontrato Amma, visitai il suo ashram in India; vidi ragazze lavorare diciotto ore al giorno in cucina, proprio come avevo fatto io, ma, diversamente da me, sembravano entusiaste della cosa. Presi una di loro da parte e le chiesi: "Lavorate davvero tutto il giorno e vi piace farlo…?"

Ero sciocata dal fatto che si potesse *scegliere* di lavorare. Fino ad allora, se fosse stato per me non avrei mai alzato un dito.

Quando cominciai a fare *seva*, per la prima volta nella vita trovai qualcosa che suscitava il mio interesse. Amavo il *seva*, era come spalancare le chiuse della grazia. Ogni volta che ho un problema, faccio del *seva* e poi mi sento sempre un po' meglio.

Amma mi aiuta e mi sostiene, indipendentemente da quanto io mi opponga o da quante cose brutte abbia fatto. Ha stretto un legame con me nonostante i miei innumerevoli errori e imprudenze; Lei conosce la mia anima nel profondo e non mi odia, anzi mi ama per come sono.

Non sono più alla ricerca disperata di uomini che mi amino. Amma ha colmato la voragine del mio cuore. So di essere amata incondizionatamente e questa consapevolezza mi ha aiutata a cominciare ad amarmi.

La mente è piena di pensieri ed emozioni fugaci che non dobbiamo necessariamente ascoltare. Tutti nutrono desideri. Non sono i desideri in sé ad essere un problema; il problema sorge quando compiamo delle azioni spinti da quei desideri e feriamo gli altri e noi stessi.

Quando soffriamo, siamo feriti o arrabbiati, tendiamo maggiormente a cedere all'impulso e abbiamo una scarsa capacità decisionale. In queste condizioni ci è particolarmente difficile agire con lucidità e discernimento. Ciò nonostante, dobbiamo sforzarci di rispondere attentamente alle situazioni per evitare di fare qualcosa di cui potremmo pentirci in seguito.

Dobbiamo ricordare il perché siamo su questa Terra e non fare scelte sbagliate! Quando ci comportiamo in modo deplorevole, chi feriamo di più è il nostro sé.

Quando accadono eventi spiacevoli, capita che le persone pensino che Dio sia crudele, perdono la fede e si lamentano dicendo: "Quale Dio permetterebbe una simile sofferenza?". Fin da ragazzina, Amma ha capito che a ogni azione corrisponde una reazione. Talvolta queste reazioni si manifestano dopo diverse vite, ma le azioni che abbiamo compiuto ci torneranno sempre indietro.

Non è possibile sfuggire al nostro karma, ma è importante ricordare che l'imperscrutabile ciclo del karma cerca sempre di insegnarci qualcosa di buono. Quando il karma ci ritorna sotto forma di un'esperienza dura o dolorosa, dovrebbe servire da stimolo a svegliarci dal sonno profondo dell'ignoranza. Dio non è crudele; il Divino cerca solo di benedirci o di scuoterci per allontanarci da una cattiva strada.

In alcuni testi si afferma che il Guru è più grande di Dio perché Dio ci darà solo ciò che meritiamo (per aiutarci a crescere), mentre il Guru ci offrirà solo amore e perdono. È molto facile constatare la verità di questa affermazione osservando Amma, il modo in cui interagisce con le migliaia di persone che si recano da lei ogni giorno. Amma è un flusso di amore divino in questo mondo. Lei ci accetta con tutte le nostre fragilità umane, ci eleva e ci guida verso la meta dell'esistenza umana.

Amma è l'incarnazione dell'amore, ed è venuta qui mossa da pura compassione per la nostra sofferenza. Indipendentemente da quanti errori compiamo, Amma ci ama. Con pazienza e perseveranza ci incoraggia a essere come il fiore di loto che sorge dal fango e si apre alla luce del sole.

Capitolo 9

Diventare Arjuna

*Suona la campana che ancora può suonare,
dimentica la tua offerta perfetta.
C'è una crepa in ogni cosa
ed è da lì che entra la luce.*

– Leonard Cohen

Ero una bambina solitaria, senza amici, ed entrambi i miei genitori erano sempre al lavoro. Mi affidavano alle cure di qualcuno e così io ero sempre pulita, ben nutrita e via dicendo, ma mi sentivo costantemente sola.

Mia madre lavorava giorno e notte. A casa, trascorreva il suo tempo rinchiusa nel suo studio e io potevo sedere vicino a lei solo se rimanevo muta come un pesce: niente sospiri, niente fruscii, niente stridii della matita su un foglio, niente starnuti. Sarebbe stato difficile per chiunque, figuriamoci per una bambina iperattiva. Se deglutivo troppo rumorosamente, potevo essere cacciata fuori.

Una luce nell'oscurità

Quando avevo cinque anni, un giorno mi cadde una ciglia sulla guancia. Mia madre la prese e con un sorriso disse: "Esprimi un desiderio".

Le ciglia possono far avverare i desideri?

Cominciai a esprimere desideri. Desiderio dopo desiderio dopo desiderio.

A dodici anni avevo esaurito tutti i miei desideri. Non avevo più ciglia e allora passai alle sopracciglia.

I miei genitori non lo notarono, ma l'infermiera della scuola se ne accorse e chiamò a casa e così entrai in terapia.

Non funzionò.

Passai ai capelli. Avevo tredici anni quando iniziarono a intravedersi delle chiazze prive di capelli proprio sulla nuca, come hanno spesso gli anziani. Non esprimevo più desideri, ma provavo uno strano sollievo quando mi strappavo i capelli; come un vecchio amico, questo gesto mi confortava e mi faceva sentire meno sola. Non conoscevo un altro modo per placare l'ansia che non mi lasciava mai.

Dai tredici ai diciott'anni rifiutai di farmi tagliare i capelli: ero troppo imbarazzata. Solo una volta mia madre insistette e al telefono disse al parrucchiere che avevo la leucemia: in tal modo non ci saremmo trovati in imbarazzo davanti ai miei punti calvi. Andai su tutte le furie. Inutile dire che non ci recammo dal parrucchiere e da allora mia madre lasciò perdere la faccenda.

Al college mi tagliai i capelli con l'aiuto di un paio di forbici e di uno specchio. Non conoscevo un altro modo per ridurre l'incontrollabile desiderio di strapparmeli. Avevo la sensazione che sul mio capo ristagnasse un'energia negativa, ripugnante, densa, sgradevole e appiccicosa. Mi sembrava di avere un demone seduto sulla mia testa e non riuscivo a sopportarlo. Tagliarmi i capelli era l'unica maniera di evitare di strapparmeli. L'unico sollievo.

Sognavo spesso di avere capelli bellissimi, lunghi e spessi come quelli che avevo da bambina, ma sapevo che non sarebbe stato più possibile, nemmeno facendo sforzi sovrumani. Ero incurabile.

Provai di tutto, ogni tipo di trattamento: la terapia comportamentale, la psicoterapia, il trattamento delle dipendenze. "Mi spiace", mi disse un medico, "forse dovresti provare con un altro terapeuta. Non è *mai* accaduto che ci volesse così tanto tempo". Mi rivolsi pure agli sciamani, provai con la magia e tentai anche con gli esorcismi. Senza risultato. Per vent'anni nulla funzionò.

Poi incontrai Amma.

Una luce nell'oscurità

All'inizio la situazione rimase invariata e la mia dipendenza non diminuì. Quando l'impulso di strapparmeli si intensificava, mi rasavo di nuovo il capo con le forbici. Sul cuoio capelluto vi erano intere zone calve e credo di aver avuto un aspetto alquanto strano con quel mio taglio che lasciava un centimetro di capelli.

Un'estate, dopo circa un anno dal mio incontro con Amma, si ruppe la mia *mala*. A quel tempo viaggiavo con lei e decisi di fare due braccialetti identici con i grani rimasti: un braccialetto per me e uno per Amma. Ammetto che erano piuttosto orrendi, ma mi sembravano meravigliosi. Li avevo realizzati con tantissima devozione. Onestamente, sarebbero potuti piacere solo a una madre. Li indossai entrambi mentre aspettavo di ricevere il darshan.

A un certo punto dovetti andare in bagno... All'improvviso fui travolta da un fiume di vergogna, sopraffatta dalla repulsione e dal disgusto. Come avrei potuto regalare ad Amma qualcosa che avevo indossato quando ero in bagno?

Mi mancò il respiro pensando a questo errore spaventoso. Non potevo dirlo a nessuno, era orribile e imbarazzante. Sapevo solo che, se qualcuno l'avesse saputo, avrebbe provato disgusto. Ero sudicia e il mio dono era sudicio. Il pensiero di donare alla Madre Divina qualcosa di così impuro mi dava il voltastomaco.

Non sapevo come comportarmi; avevo realizzato quel braccialetto appositamente per lei, mettendoci tutto il mio amore. Mi dibattei a lungo, angosciata, ma infine decisi che glielo avrei offerto. Cos'altro potevo fare?

Mi recai da Amma piena di vergogna e le misi il braccialetto al polso.

Come un bambino, le sussurrai entusiasta: "Amma, ora siamo unite!" Mi strinse forte e sentii la sua risposta nel cuore: "È all'interno che dobbiamo essere unite". In quel momento tutta la mia vergogna scomparve. La sentii letteralmente staccarsi da me e lasciarmi. All'improvviso capii senza alcun dubbio che non avevo più bisogno di strapparmi i capelli.

Smisi definitivamente.

Vent'anni di sforzi senza ottenere alcun risultato e poi, con un solo darshan, Amma aveva cancellato vent'anni di sensi di vergogna e di colpa, vent'anni di segreti e di bugie. Tutto scomparve in quell'unico, singolo abbraccio.

Non posso dire di avere completamente smesso, mi strappo ancora qualche capello qua e là. In rare occasioni riappare quell'imperioso bisogno e mi

Una luce nell'oscurità

trovo ancora a doverlo combattere. In quei momenti, i demoni della depressione e la vergogna sollevano la loro orribile testa, ma mai come un tempo.

Prima di quel darshan portavo i capelli corti, di una lunghezza mai superiore al mento, solitamente raccolti.

Per anni ho vissuto senza sopracciglia o ciglia e ogni giorno ho lottato contro l'impulso irresistibile e prepotente di strapparmi i capelli. A volte sono rimasta sveglia la notte per ore e ore, fino al mattino, cercando di resistere contro questa dipendenza, ma ho sempre perso. Non riuscivo a controllarmi.

Ed ecco che, all'improvviso, non c'era più alcuna lotta. Tutto si era risolto, il capitolo era chiuso.

Per un istante io ero Arjuna e Krishna il mio auriga.
E abbiamo vinto.

Amma cerca di liberarci dalla prigione della nostra mente. Ci ha già aperto la porta, ma spesso abbiamo paura di lasciare la cella e di uscire. Invece di andare incontro alla luce, continuiamo ad abbellire con paure immaginarie e dolore la nostra cella solitaria.

L'amore di Amma non ha confini, ma i muri che innalziamo ci impediscono di ricevere amore. È estremamente difficile liberarci dai ceppi che ci siamo creati e che ci tengono bloccati. Un giorno Amma ha detto che tutti desiderano essere liberi, ma anche dopo che lei ci ha dato un assaggio della libertà, ritorniamo alle catene che ci sono familiari e ci tengono legati. Fortunatamente Amma non ci abbandona mai.

Amma ama apertamente tutti di un amore puro e incondizionato e accetta ognuno di noi assieme alla nostra vergogna, orgoglio, collera, paura e altre fragilità. Col tempo, il filtro del suo amore purifica le nostre debolezze, trasformandole in punti di forza.

Nel profondo, la maggior parte di noi desidera un amore tenero, che duri tutta la vita. Amma ci dona quell'incrollabile amore materno che abbiamo sempre desiderato ed è la madre che la maggior parte di noi desidera in cuor suo dalla nascita. È nostra madre, la nostra madre autentica, e ci aiuta a capire che l'amore è la vera sorgente della vita.

Capitolo 10

Sconfiggere la violenza

*Ieri ero intelligente e volevo cambiare il mondo.
Oggi sono saggio e sto cambiando me stesso.*

– *Rumi*

A diciassette anni mia madre rimase incinta e partorì subito dopo il suo diciottesimo compleanno. Nessuno sapeva chi fosse mio padre e il mistero che circondava la mia nascita era motivo di grande vergogna per l'intera famiglia. Sarebbe potuto essere chiunque: il postino, il poliziotto o il netturbino... non lo rivelò mai a nessuno. Sono nato senza un padre e questo mi ha provocato una profonda crisi di identità.

I primi nove anni della mia vita sono stati semplici e dolci. La nonna si occupava di me mentre la mamma era al lavoro. Trascorrevo molte ore da solo, arrampicandomi sugli alberi e nascondendomi in posti segreti intorno alla fattoria.

Poi mia madre si innamorò di un militare, ci trasferimmo in città e tutto cambiò.

Mia nonna cadde in depressione e fu così anche per me. La nuova scuola era piena di violenza e a nove anni imparai a combattere. I miei unici amici erano due zingari che vivevano in zona. Ricordo il primo giorno di scuola: quando arrivai, un ragazzo più grande mi spinse in un angolo contro il muro e mi diede un pugno in faccia. Miracolosamente riuscii ad afferrargli la mano. Le mie dita erano piccole, ma afferrai una delle sue più grandi e la piegai, piegai, piegai… sentimmo un rumore raccapricciante.

Non mi diede più fastidio.

Nella mia scuola, i bulli seguivano un rituale particolarmente violento: ogni volta che nella classe arrivava un ragazzo nuovo, gli bloccavano le braccia e le gambe dietro la schiena e poi sbattevano il suo corpo contro un palo di cemento; ridevano mentre lo sentivano urlare.

Non riuscivo a star fermo a guardare mentre qualcuno veniva maltrattato, così finivo sempre col gettarmi in sua difesa, prendendo in cambio un sacco di botte. Gli altri bambini infilavano vermi nei miei vestiti e davano fuoco ai miei capelli. Mi toccavano dove non avrebbero dovuto, mi schiaffeggiavano, mi picchiavano. Mi minacciarono con un coltello sotto il mento. Mi ruppero gli occhiali e mi fecero sanguinare il naso.

Non avevo nessun Dio. A volte la nonna mi portava in chiesa, ma il sacerdote che faceva l'omelia picchiava mia cugina e così, quando lui diceva che bisogna comportarsi con amorevole gentilezza, non gli ho mai creduto. Scrivevo sempre per terra, nella polvere: "Nessuno mi ama". Non mi fidavo dell'amore di mia madre perché si rifiutava di dirmi chi era mio padre. Il mio cuore era costantemente ferito ed ero sempre arrabbiato. La violenza gratuita, la sofferenza... era troppo.

Feci l'unica cosa che avesse senso: scappai.

Ancora adolescente, andai a vivere e a lavorare nelle case di persone molte ricche per mantenermi. Alcuni dei miei datori di lavoro erano belli e famosi. Avevano figli splendidi, trascorrevano le vacanze in luoghi fantastici, possedevano tutto quello che si possa desiderare, ma nonostante questo anche loro erano infelici come tutti noi. Quindi, a cosa servivano tutte queste cose? La vita aveva sempre meno senso per me.

Più crescevo, più la vita mi sembrava insapore e incolore. Ce l'avevo con il mondo per tutta la violenza, per la sofferenza inutile che ci infliggiamo reciprocamente. Non c'era nulla di bello. Nessuno mi ispirava. Tutto era falso.

Non credevo nell'amore.

Ero convinto che le persone fingessero di amarsi solo per ottenere qualcosa dall'altro. Cercai di abbreviare la mia esistenza con metodi naturali: bevevo due litri di caffè e fumavo due pacchetti di sigarette al giorno. Mi sentivo estremamente infelice.

A un certo punto le cose cambiarono e cominciai a capire che il problema era dentro di me. Come potevo aspettarmi che qualcuno fosse ciò che io stesso non riuscivo a essere? Invece di focalizzarmi sulle colpe degli altri, decisi di sforzarmi di cambiare me stesso.

Entrai in terapia e, seguendo il consiglio del mio terapista, mi iscrissi a un "seminario di guarigione", focalizzato sul risveglio del bambino interiore e sul risanare la "storia con il padre". Proprio ciò che desideravo.

L'uomo che teneva il seminario mi rivolse molta attenzione e mi invitò a partecipare al *workshop* successivo (gratuitamente!) sulla spiritualità. Iniziai a viaggiare con lui e ad aiutarlo nel suo lavoro.

Sconfiggere la violenza

Instaurammo un forte legame e lui diventò come un padre per me.

Quasi un anno dopo, mi trovai un giorno con un'amica e per caso le chiesi: "Cosa fai questo fine settimana?"

"Vado a vedere Amma", rispose.

Sentii qualcosa che non avevo mai provato prima, qualcosa che si muoveva nel profondo del mio cuore.

"Vengo anch'io", risposi deciso, senza neppure chiedere chi fosse Amma o cosa facesse. Dentro di me, qualcosa sapeva già che dovevo incontrarla.

Quando dissi al mio insegnante dove stavo andando, cercò di dissuadermi e protestò dicendo: "Ma anch'io sono un maestro realizzato!".

Non risposi nulla; gli volevo molto bene, ma dovevo andare.

Il giorno seguente arrivai presto al programma e fui uno dei primi in fila per il darshan. L'energia nella sala era molto esaltante, l'aria sembrava così pura. Quando mi trovai dinanzi ad Amma, lei mi guardò e si mise a ridere e poi ancora a ridere. La fissai, spiazzato. All'improvviso mi accorsi che il tutto era molto divertente e mi unii alle sue risate.

Andai tutti e tre i giorni del programma, restando fino alla fine, piangendo per tutto il tempo. Non mi sentivo triste, non piangevo per questo, ma non riuscivo a trattenere le lacrime. Non so proprio perché lo facessi. Al termine dei tre giorni mi sentii rigenerato, rinnovato a tutti i livelli: fisico, emotivo e spirituale.

Il cambiamento più straordinario fu la scomparsa della collera e della sofferenza che provavo per non sapere chi fosse mio padre. Quel dolore terribile e atroce che aveva straziato il mio cuore ogni giorno se n'era andato. Avevo cercato di guarire questa ferita in ogni modo, senza alcun risultato, finché non incontrai Amma. In quei tre giorni, la crisi che avevo vissuto per anni era semplicemente svanita.

Ho ancora le mie insicurezze, la paura di essere rifiutato e cose simili, ma non provo più quel desiderio doloroso di conoscere il nome di mio padre, di vedere il suo viso o di incontrarlo. Non mi sento più abbandonato e non sono più arrabbiato con mia madre che si è rifiutata di dirmi la verità. La mia relazione con lei sta cominciando a guarire.

Incontrando Amma, ho scoperto che l'amore che sognavo esiste veramente e da quel giorno la mia vita ha un senso. Ho realizzato che LEI era quello che cercavo da sempre.

Amma ci esorta spesso ad amare e a servire in ogni modo e io faccio del mio meglio per seguire i suoi insegnamenti. Amma mi ha indotto a cambiare la mia visione delle cose e mi ha dato uno scopo. Lei mi aiuta a trovare le opportunità per donare, scacciando così l'oscurità dalla mia vita (e spero dalle vite di chi mi circonda). Sospetto che sia proprio così perché il mio capo mi dice spesso che sono troppo disponibile con i nostri clienti!

Le persone non sono più dei nemici minacciosi. Amma ha trasformato le difficoltà della mia vita da sgradevoli fardelli a strumenti utili per crescere spiritualmente. Adesso mi è più facile vedere le sfide come opportunità e non come ostacoli insormontabili. Da quando lei ha acceso quella piccola candela nel mio cuore, l'oscurità nel mondo mi sembra decisamente meno paurosa.

Oggi la mia madre biologica è una mia buona amica e questo è stato possibile unicamente per grazia di Amma. Appena sono riuscito a superare la collera, il rapporto con mia madre si è trasformato. Di recente le ho scritto questa lettera di ringraziamento: "Grazie, grazie per avermi messo al mondo. Grazie per avermi tenuto, anche se eri così giovane e in tempi molto difficili. Amo ogni singolo giorno che mi offre l'opportunità di crescere, imparare e, ancora più importante, servire. Grazie, perché amo questo mondo e amo la mia vita".

Amma dimora in uno stato costante di amore disinteressato e invita tutti a unirsi a lei in quello stato. Quando serviamo gli altri, un po' della sua energia e Grazia fluisce verso di noi.

Amma è l'esempio perfetto e ci mostra che, anche se il mondo intorno a noi appare buio, quando cerchiamo di vivere una vita imperniata sul donare e servire altruisticamente, è possibile provare una deliziosa gioia e la felicità.

Non dobbiamo cimentarci in imprese grandiose, ci sarà sempre qualcuno pronto ad affrontare una questione "importante". Sono invece le piccole cose che facciamo (come raccogliere l'immondizia o lavare il piatto di qualcun altro) che apportano gioia e contentezza nella nostra vita. Se riusciamo a essere felici compiendo piccoli gesti di servizio come questi, avvertiremo un profondo senso di appagamento (e le cose saranno anche belle pulite).

Per quanto sorprendente possa sembrare, donare qualcosa per puro amore non è un sacrificio. Per i ricercatori spirituali, il duro lavoro e la perdita possono in effetti diventare una fonte incredibile di gioia (nonostante qualche vescica e alcuni muscoli dolenti sul cammino).

Nella mia vita, le benedizioni più dolci e straordinarie le ho ricevute da Amma, che mi ha dato l'opportunità di prendere parte alle sue opere caritatevoli. Non tutti possono venire in India per servire, ma non è importante dove ci si trovi perché la vita offre moltissime occasioni per servire. Quando lo facciamo, le dighe della grazia si aprono e la vita diventa una magnifica avventura.

Capitolo 11

La disperazione di un cuore infranto

La nostra gloria più grande non è nel non cadere mai, ma nel rialzarci ogni volta che cadiamo.

– *Confucio*

Sono nato in un ashram e ho vissuto una vita incentrata sulla spiritualità fino all'età di sedici anni. Da bambino mi sentivo sempre soddisfatto e felice. Il nostro ashram era un luogo tranquillo, avevamo poco ma eravamo contenti.

La comunità vicino all'ashram era un mondo completamente diverso: circolava molta gente ricca e il nostro vicino di casa era il figlio di Ringo Starr. Sono cresciuto in mezzo a un sacco di persone ricche e famose, ma non mi sono mai sentito parte del loro mondo.

Alcuni miei amici erano così attratti dal mondo materiale da comprare ogni mese nuovi "giocattoli": un'auto nuova, una barca nuova, una droga nuova.

La maggior parte dei miei compagni di scuola cominciò a partecipare a feste e a comportarsi promiscuamente, facendosi coinvolgere nell'uso di stupefacenti già a dodici anni. Fortunatamente io riuscii sempre a stare lontano da tutto ciò. Conoscevo la vera natura della vita e non avevo bisogno di quelle cose: il mio cuore era appagato.

Poi, da un giorno all'altro, tutto cambiò. Il mio Guru morì quando avevo sedici anni e tutta la mia vita crollò di colpo. Ricordo con grande chiarezza il giorno in cui morì. Ero inconsolabile, non riuscivo a smettere di piangere. Mia madre e i miei fratelli si sentivano come me e quindi non riuscivamo a consolarci l'un l'altro. Ci sentivamo tutti persi. In un attimo tutto quello che avevamo, tutto ciò su cui contavamo e in cui credevamo svanì completamente dalla nostre vite.

Ora capisco che quel dolore era un attaccamento a una forma, ma mai prima di allora avevo conosciuto una forma così perfetta come la sua. Ogni parola, ogni respiro e ogni azione del mio Guru era in perfetta armonia con il creato. Lui era il mio più caro amico, il padre, il Maestro, sempre presente per guidarmi e indicarmi la strada verso la salvezza. Non avrei mai potuto immaginare che qualcuno nel mondo potesse sostituirlo. Lo rispettavo tantissimo, lo amavo e mi fidavo di lui. Quella perdita mi fece precipitare in una spirale discendente. Persi la testa.

Ero disperato, avrei fatto qualsiasi cosa per alleviare il dolore, per riempire la voragine che si era aperta nel mio cuore. La sua perdita mi svuotò interiormente. Non avevo più voglia di vivere. Se il mondo intero dava importanza solo a illusorie attività materiali e ad obiettivi vuoti e vani, allora non vedevo una ragione per andare avanti.

Cominciai a bere e a vivere molto pericolosamente, giusto per dare un qualche significato all'esistenza. Dicevo di sì a qualsiasi cosa mi arrivasse, non importava quanto fosse negativa o pericolosa. Entrai nel mondo in cui vivevano i miei coetanei. Nella loro realtà Dio non esisteva: noi eravamo gli Dèi. I miei amici e io pensavamo di essere superiori a tutto, anche alla legge. Vivevamo in modo spericolato e facevamo tutto quello che ci piaceva.

Eravamo gli adolescenti peggiori che si possano immaginare.

Mia madre era molto preoccupata per me e iniziò a cercare un nuovo Maestro, qualcuno che fosse fisicamente vivo. Sentiva che era molto importante trovare una persona che potesse insegnarci e guidarci.

Le sue preghiere furono esaudite quando nel 2001 s'imbatté in un poster di Amma. Si recò al suo programma e ritornò molto entusiasta. "Amma è uguale", ci disse, "Ha gli stessi insegnamenti e la stessa energia. Dovete venire a vederla!".

Il mio cuore però era chiuso e non volevo aprirmi a un nuovo Guru; era troppo doloroso. Mi rifiutai di andare al programma. L'anno seguente Amma tornò. In qualche modo mia madre riuscì a trascinarmi con lei. Non volli prendere il darshan, ma mi sedetti e rimasi a osservare Amma per ore.

Quando la guardavo mi sentivo sporco, ripensando a tutte le cose che avevo fatto a me stesso. Potevo percepire la sua grandezza spirituale e sapevo di non essere degno di ricevere il suo darshan.

Delle persone vestite di bianco continuavano a venire da me facendomi la stessa noiosa domanda: "Hai avuto il darshan?" Continuavano a chiedermelo, ma io non avevo nessuna intenzione di prenderlo. Non avevo voglia di essere abbracciato da una qualche donna indiana che non conoscevo. Ma dopo tre

La disperazione di un cuore infranto

ore capii che l'unico modo per evitare che questa gente mi seccasse era andare al darshan.

Quando Amma mi prese tra le braccia, percepii un vasto spazio vuoto completamente nero che si estendeva all'infinito. Questa esperienza non aveva alcun senso, ma risvegliò in me un ricordo. Nelle meditazioni con il mio primo Guru avevo provato spesso un profondo e vasto vuoto di pura beatitudine.

Il darshan di Amma fu come un ponte che mi ricongiungeva con ciò che avevo provato in presenza del mio Guru: un senso d'immacolata purezza ed incredibile innocenza. In un istante fui sopraffatto da quei sereni ricordi. Fu come se lei avesse rimosso il mio fardello karmico, mi avesse pulito. Non capivo chi fosse Amma, ma cominciai a ricordare la mia propria completezza.

Sebbene quel primo darshan fosse bellissimo, non bastò a trasformare la mia vita. Man mano che frequentavo più assiduamente cattive compagnie, le cose andarono persino peggio. Uscivo con gente che aveva come unico interesse la ricerca del piacere. Erano persone malvagie e iniziammo a commettere sempre più spesso dei crimini. Cominciai a riflettere sulla direzione che stava prendendo la mia vita: stavo scivolando nelle tenebre.

Una notte i miei amici organizzarono una festa grandiosa su uno yacht. Erano riusciti a vendicarsi crudelmente di qualcuno e avevano deciso di festeggiare la cosa con un sacco di droghe.

Decisi di andarmene da questo mondo: ne avevo abbastanza della vita. Non volevo più frequentare questa gente o vivere un'esistenza vuota e senza senso. Volevo farla finita con tutto. Non vedendo altra via di uscita, decisi così di farmi un'overdose.

Scesi nella stiva. Eravamo in pieno inverno.

Mi sdraiai sul gelido pavimento di metallo, lasciando che il freddo penetrasse profondamente nel mio corpo. Prima persi la sensibilità delle dita dei piedi, poi quella dei polpacci; lentamente il gelo si diffuse in tutto il corpo. Persi la sensibilità delle mani e alla fine sentii il cuore fermarsi; mi era rimasto solo un briciolo di coscienza, un piccolo spazio caldo nella mente. Poi scomparve anche quello. Me n'ero andato.

All'improvviso fui avvolto da un'incredibile luce abbagliante, indescrivibile, che riempiva ogni cosa. Provai una gioia e una sensazione di sollievo immense. Desideravo solo lasciarmi dietro ogni cosa e immergermi nella Coscienza universale, nel bagliore di quella Luce delle luci.

Mentre mi immergevo nella luce, mi apparve una figura; all'inizio era molto piccola, ma poi cominciò a ingrandirsi fino ad assumere dimensioni umane. In punto di morte, il mio Guru era venuto a salutarmi.

Quand'ero piccolo e vivevo nel suo ashram, di solito ci svegliava al mattino al suono di una campanella, esclamando: "Sveglia! Sveglia! È ora di alzarsi!". Questa volta suonò la campanella e disse: "*Non* è ancora l'ora! Svegliati! Svegliati!".

Tutta la luce venne rimandata nel mio corpo. Balzai in piedi e traballando lasciai lo yacht. L'unico mio pensiero era: "Devo andare a casa. Devo andare a casa!"

Telefonai a mia madre e la supplicai: "Ti prego, vienimi a prendere!". Erano le tre del mattino, ma lei saltò subito in macchina e guidò per due ore per venire da me.

Capii che dovevo cambiare radicalmente la mia vita.

Amma arrivò nella mia città due settimane dopo.

Mi sarebbe piaciuto chiedere se potevo aiutare in qualche modo l'organizzazione di Amma o le sue opere caritatevoli, ma ero troppo timido per importunare qualcuno con la mia stupida richiesta. Due minuti dopo incontrai una persona che (nonostante le mie obiezioni) mi trascinò da Amma e le disse: "Amma, questo ragazzo vuole aiutare".

Lei mi guardò dolcemente con gli occhi che brillavano e mi chiese: "Puoi venire in India?"

Non ci avevo mai pensato prima, ma sapevo che questa era la mia occasione.

Accadde undici anni fa.

È difficile sapere quanto io sia progredito spiritualmente nel tempo, ma posso dire che di recente ho incontrato uno dei miei vecchi amici che aveva continuato ad assumere droghe durante gli anni che ho trascorso in India. Frequenta gli stessi amici e la sua vita è praticamente identica a quella di undici anni fa. Mi ha sconvolto vedere il suo deterioramento: faceva discorsi confusi, biascicava, non riusciva a stare fermo e per il prurito continuava a grattarsi in tutto il corpo fino a graffiarsi; la sua mente era chiaramente molto agitata. Riusciva a malapena a stare in piedi.

Allora mi resi conto... che avrei potuto essere io (se fossi riuscito a sopravvivere così a lungo).

Adesso riesco a comprendere che una vita passata in presenza del Guru può mutare completamente la propria sorte. Questo è il potere di una persona completamente realizzata. Amma mi ha tenuto così occupato e focalizzato sul *seva* da non lasciarmi il tempo per divertirmi o per cercare altre strade meno fruttuose.

Finalmente mi sento di nuovo in pace e non ho più il desiderio di bere o di prendere droghe.

Amma è la più grande benedizione della mia vita. Se fosse stata qualcun altro o qualcos'altro, so che sarei ricaduto nelle vecchie abitudini.

Il suo amore e la sua guida mi hanno sostenuto e trasformato. Amma crea un'atmosfera e un ambiente che ti avvolge, ti riempie e ti abbraccia totalmente, così che non hai bisogno d'altro. Ogni giorno la ringrazio per quello che è e che fa. Ogni meta e traguardo raggiunto in questo mondo sembra sbiadire di fronte a una vita trascorsa a servire qualcuno di una tale grandezza.

Amma ha detto che le vibrazioni di un ambiente mondano sono sufficienti per trascinarci in basso; ecco perché è così importante seguire una routine spirituale.

Ondate di pensieri e di emozioni si infrangeranno costantemente sulla spiaggia delle nostra mente, ma non dovremmo permettere loro di trascinarci via.

Quando cerchiamo di entrare in sintonia con Amma attraverso pensieri positivi, azioni amorevoli e preghiere, spianiamo la strada verso la vera contentezza. Siamo solo a un pensiero di distanza da Amma, ma è necessario il nostro costante impegno per impedire alla mente di ricadere nella negatività, in modo che Amma possa riempirci dall'interno.

Otterremo la vera pace mentale solo quando guarderemo dentro di noi e vivremo aiutando gli altri. Quando offriamo la nostra vita al servizio, non solo guariamo il mondo che ci circonda, ma anche noi stessi.

Capitolo 12

La guarigione di un trauma

Quanto più a fondo il dolore scava nel nostro cuore, tanta più gioia potremo contenere.

– Khalil Gibran

Mia figlia non è una devota. In realtà Amma non le piace nemmeno, ma ciò non cambia il fatto che la sua vita sia stata salvata da Amma.

Quando mia figlia aveva sedici anni, un pomeriggio, mentre camminava verso casa dopo la scuola, fu investita da un'auto che arrivava a tutta velocità. Fu scaraventata in aria e gettata violentemente sul marciapiede; si ruppe il femore e riportò numerose altre lesioni; tuttavia sopravvisse.

Come molte persone che sopravvivono a traumi che minacciano la loro vita, sviluppò un disturbo acuto da stress e iniziò ad avere attacchi di panico mentre attraversava la strada. Divenne molto irascibile e aggressiva e, come altri che hanno questo tipo di disturbo, si convinse che sarebbe morta giovane.

Terminato il college, si iscrisse a un corso di fotogiornalismo con l'intenzione di trasferirsi in un Paese dove vi era un conflitto armato per scattare foto sul "processo di pace." Il problema con i processi di pace è che prima devi trovare un Paese in guerra.

Era solita ripetere frasi del tipo: "Sai, rispetto ad altre professioni, i reporter di guerra hanno la più alta probabilità di essere rapiti o uccisi". Credo che le piacesse guardare la mia reazione.

Nei momenti di intimità, ammetteva di non avere intenzione di vivere dopo la mezza età e non penso avesse un grande desiderio di crearsi una famiglia propria. Il suo piano era viaggiare e fare foto finché non fosse stata rapita o uccisa. Non era un gran che come piano, ma penso che lo ritenesse in qualche modo romantico. Per me non lo era affatto.

Dopo la laurea si recò in India. Venne a trovarmi ad Amritapuri e scattò qualche foto durante un festival a Varanasi. Da lì intendeva partire per trovare una guerra da fotografare in prima persona.

Ammetto di non essere stata molto gentile con lei. I suoi progetti mi inquietavano e l'assillavo con frasi quali "I bambini sono così carini!", oppure "Non pensi che impiegheresti meglio il tuo tempo fotografando ritratti?".

Lei desiderava che il legame madre-figlia fosse semplice e gradevole, ma ogni volta che stavamo un po' insieme mi venivano in mente le sue cattive idee e mi agitavo a tal punto che finivamo per bisticciare.

L'unica cosa positiva che facevo era pregare continuamente per lei. Il mio mantra diventò: "Ti prego Amma, prendi il cuore di mia figlia. Ti prego, prendi il suo cuore". Questa preghiera mi dava un senso di pienezza. Mia figlia non è mai stata una devota, ma in cuor mio desideravo disperatamente che Amma considerasse la mia bambina sua figlia.

Poi Amma partì per il tour dell'India del sud. Ritornai negli Stati Uniti e mia figlia rimase da sola all'ashram. Naturalmente nessuno all'ashram è mai veramente solo: Amma ha esplicitamente detto che l'ashram è il suo corpo.

Qualche giorno dopo accadde qualcosa di inspiegabile: un pomeriggio, mentre era a letto dopo avere meditato, mia figlia sentì un'energia densa e oscura uscire dal suo cuore e lasciarla. Fu come se anni vissuti nel trauma fossero svaniti. Non conosco tutti i dettagli di quell'esperienza, ma so che poi lei non fu più la stessa.

Quando ritornò a casa due settimane dopo, il suo volto era luminoso e radioso, come quando era piccola. Non solo non aveva più l'acne, ma il viso era completamente rilassato, come se il dolore si fosse volatilizzato. La gente le diceva: "Sembra che tu abbia perso cinque chili!" Tuttavia non era il peso fisico ciò che aveva perso, ma quello emotivo e spirituale.

All'improvviso eravamo in grado di relazionarci in un modo completamente nuovo. Non litigavamo più e per la prima volta dopo anni parlavamo la stessa lingua.

Poco tempo dopo venne a conoscenza di un tirocinio in giornalismo di guerra che si teneva in uno dei fronti caldi del mondo e salì su un aereo per parteciparvi. Ogni volta che cadeva una bomba chiedeva al responsabile se poteva recarsi sul posto e fare un reportage sulla distruzione che aveva causato. Mi telefonava fingendosi indignata: il suo superiore continuava a respingere le sue richieste, non ritenendo opportuno assegnare i servizi più rischiosi a una giovane donna, che era anche il membro più inesperto del gruppo!

Dopo solo sei mesi del tirocinio dei suoi sogni, decise di voltare pagina. Fu allora che mi accorsi che qualcosa in lei era profondamente cambiato. Il suo cuore non era più in tutto ciò. Adesso la sua attenzione era rivolta al suo recente amore per Dio.

Tornò a casa e cominciò a trascorrere molto tempo con il gruppo giovanile della Chiesa Evangelica locale. Quando non faceva volontariato in parrocchia, leggeva la Bibbia o libri su Gesù. Era decisa ad apprendere il più possibile sulla spiritualità e sulla religione. Fu un cambiamento radicale. Prima di allora non aveva mai mostrato il minimo interesse per Dio. Era sempre stata un'artista, atea e arrabbiata, ma ora era diversa.

Per qualche mese, forse per un anno, mia figlia praticò la meditazione IAM sul tetto della chiesa, continuando a indossare il *mala* acquistato ad Amritapuri. Mi disse che voleva ricordare il suo miracolo, tuttavia con il passare del tempo si dimenticò di Amma e mise da parte il *mala*.

All'improvviso era "Dio" che l'aveva guarita. Nella sua mente la sua trasformazione non era assolutamente legata a "quella donna indiana". Più approfondiva la tradizione cristiana, meno desiderava avere a che fare con Amma. Smise di credere nei Guru.

Oggi non riesco a portarla a vedere Amma o a venire all'ashram, anche se la supplico. Le dico che Amma e Gesù sono la stessa cosa ma, cocciuta come non mai, rifiuta di ascoltarmi.

Grazie ad Amma, mia figlia è ora molto religiosa. Si è sposata e vive con il marito in un sobborgo tranquillo. Non si aspetta più di essere rapita o uccisa e non pensa più neppure di fare la reporter di guerra. Adesso la sua macchina fotografica riprende altro: fotografa i suoi tre bellissimi bambini.

Quando Amma ha guarito il cuore di mia figlia, sapeva che lei non sarebbe mai diventata indù o una sua devota, ma non era questo l'importante. Mia figlia è devota a Cristo e ciò è più che sufficiente.

Amma ha compiuto ciò che io non ero mai riuscita a fare: ha risanato mia figlia interiormente. Sia che venga o non venga riconosciuta, ringraziata o lodata, sono assolutamente certa che Amma ci ami completamente e pienamente. Il vero amore materno non vuole nient'altro che la salute o la felicità di tutti i suoi figli. Grazie ad Amma, mia figlia è veramente "rinata".

La guarigione di un trauma

Amma vede il mondo intero come una famiglia e tutti noi come figli di Dio. Non fa differenza tra chi è devoto alla sua forma e chi non lo è, e la sua mente è priva dei giudizi che innalzano barriere. Mentre noi utilizziamo le nostre diversità per ferirci l'un l'altro, scatenando conflitti e guerre, Amma scioglie tutte queste intangibili differenze in un unico flusso d'amore.

A volte ho la sensazione che lei sia come una potente macchina per la risonanza magnetica. Così come questo apparecchio, Amma vede attraverso di noi, oltrepassando le fragilità umane, gli attaccamenti e le negatività, e punta il suo sguardo sulla bontà che dimora nel profondo dei nostri cuori. Sa esattamente ciò di cui abbiamo bisogno e, quando siamo tra le sue braccia, ci appaga ridonandoci completezza. Silenziosamente, rimuove i pesanti fardelli che trasportiamo da anni (perfino da vite).

Amma non giudica mai la nostra fede o il nostro essere religiosi, spirituali o mondani. Il suo unico desiderio è la nostra completa guarigione: renderci felici se siamo tristi, gioire con noi quando ridiamo o asciugare le nostre lacrime di dolore.

Capitolo 13

Trovare Durga dentro di noi

Le anime più forti sono quelle temprate dalla sofferenza. I caratteri più solidi sono cosparsi di cicatrici.

– Khalil Gibran

Sono nata in America da genitori molto amorevoli e spirituali. Mio padre ha vissuto come un monaco per sette anni e mia madre insegnava meditazione. Entrambi erano devoti a Dio e mi hanno cresciuta con infinito amore.

La mia infanzia è stata pura, colma di felicità e sostegno, ma non appena compii diciotto anni tutto cambiò. Mi innamorai di un uomo di vent'anni più vecchio di me. Era magnetico e carismatico e pensai che fosse molto spirituale. Indubbiamente parlava spesso di spiritualità. Tre settimane dopo il nostro incontro ci sposammo.

I miei genitori erano contrari al matrimonio e non mi volevano dare il consenso. Era la prima volta nella mia vita che facevo qualcosa contro la loro volontà: il mio più grande errore.

Mio marito era estremamente violento e mi costrinse a troncare ogni rapporto con amici e parenti. Spesso mi minacciava di farmi finire in galera e qualche volta diceva persino che mi avrebbe uccisa. Mi fece il lavaggio del cervello facendomi credere di essere la causa di tutti i nostri problemi e affermava sempre che ero una persona orribile. E io gli credetti.

Non potevo uscire a fare una passeggiata senza il suo consenso e, se scopriva che avevo parlato con qualcuno al telefono o di persona senza aver avuto il suo esplicito permesso, la notte mi picchiava. Vivevo costantemente nel terrore.

Tre mesi dopo il matrimonio decisi di lasciarlo. Fu allora che mi accorsi di essere incinta. Quello è stato il giorno più buio della mia vita. La mia infanzia era stata così bella, ma sapevo che non avrei mai potuto fare lo stesso dono a mio figlio. Mi trovai a dover decidere e alla fine scelsi di rimanere.

Trovare Durga dentro di noi

Cominciai a svolgere qualche piccola pratica spirituale per stare un po' meglio, ma era veramente difficile. Ogni volta che mi risollevavo, lui mi schiacciava di nuovo. Poco dopo la nascita di mia figlia, mio marito ci portò in Oklahoma, lontano da tutta la gente che conoscevo. Ogni volta che facevo qualcosa che non gli piaceva, minacciava di chiamare la polizia e di farmi portare via mia figlia.

Raccolsi tutto il mio coraggio e in segreto scrissi un'e-mail a mia madre. Lei mi disse di aver incontrato Amma e che mi avrebbe spedito una sua foto in bianco e nero.

Il foglietto che arrivò era la fotocopia di un'immagine di Amma, che incollai alla parete. Ogni giorno la guardavo e piangevo. Sotto la foto c'era un breve mantra che divenne il mio mantra. Lo recitavo in continuazione ed esprimevo tutto ciò che avevo nel cuore dinanzi a quella piccola foto.

Pregando Amma, iniziai a sentirmi sempre più forte. Un giorno (non so cosa mi fosse preso), chiesi a mio marito di tornare a casa. Gli dissi che avrei lasciato l'Oklahoma e che avrei portato mia figlia con me. Poteva decidere se venire o meno con noi; ad ogni modo noi saremmo partite.

La forza che mostrai in quel momento lo sconcertò. Cedette e ritornammo a casa. Ciò nonostante continuavo ad accettare tutte le cose orribili che diceva: ero convinta di essere io quella sbagliata.

Una volta a casa sapevo come muovermi, avevo gli amici e la famiglia e trovai segretamente un lavoro. Tenevo comunque stretta quella piccola foto in bianco e nero: era la mia ancora di salvezza.

Quando scoprii che Amma sarebbe venuta in America, ebbi la sensazione di doverla incontrare. Mi sentii nuovamente pervadere da una forza straordinaria e insistetti affinché andassimo a vederla.

Quando entrammo nella sala del programma, sentii di avere trovato il vero scopo della mia nascita. Da quel momento, tutto ciò che desiderai fu dedicare la mia vita al servizio.

Avevo già instaurato un rapporto molto intimo con Amma attraverso la sua foto, e incontrarla di persona fu qualcosa di incredibilmente potente.

Io e mio marito cercammo di ricevere il darshan assieme, come una famiglia, ma le persone intorno ad Amma non ce lo permisero. Continuavano a separarci. Quando finalmente arrivò il mio turno, ero da sola. Fu un darshan molto intenso. Avevo la sensazione che lei mi conoscesse già, che mi stesse aspettando. Dentro

Trovare Durga dentro di noi

di me gridavo: "Madre, voglio la libertà! Voglio Dio!". Amma pose le sue mani sulle mie spalle e guardandomi profondamente negli occhi mi disse: "OKAY!".

Al termine del darshan, per molto tempo non riuscii a trovare mio marito, ma io stavo bene. Qualcosa era cambiato dentro di me... Avevo voltato pagina.

Da quel momento in poi cominciai a pregarla in questo modo: "Amma, ti prego, prendimi con te. Prendimi ora". Ignoravo cosa sarebbe accaduto, ma in cuor mio sapevo che mi avrebbe salvata.

Da allora divenni molto più indipendente e smisi di credere ai giochetti mentali di mio marito e di accettare i suoi soprusi. Non dormii più nella nostra camera da letto, ma in un'altra stanza e gli confessai di avere un lavoro. Gli parlai persino dell'auto che avevo comperato (e che avevo nascosto in strada per timore che la scoprisse).

In risposta al crescere di questa mia forza, la sua violenza si manifestò pubblicamente. Le nostre liti divennero sempre più accese e con toni così alti che i vicini iniziarono a chiedermi se avessi bisogno di aiuto. Un giorno il litigio giunse a un tale punto di violenza che, appena lui uscì sbattendo la porta, una vicina suonò il campanello offrendomi di portarmi in una casa di accoglienza per donne maltrattate. La ringraziai, ma le risposi che non era necessario: stavo per partire. Preparai una borsa con le mie cose, un'altra con quelle di mia figlia, e poi mi allontanai con lei in macchina.

Amma mi aveva dato la forza di farlo. Pregare e sapere che lei sarebbe sempre stata presente per me, mi infuse la forza necessaria per andarmene.

Oggigiorno la gente mi reputa una donna molto forte, che realizza i suoi obiettivi. Amma ha reso possibile questa mia trasformazione. Prima di conoscerla, ero sottomessa, parlavo a bassa voce e l'eccessiva timidezza mi impediva di salire su un palco. Non riuscivo nemmeno a cantare nel coro locale perché la mia voce si sarebbe rotta per l'ansia. Permisi a mio marito di tormentarmi e di abusare di me perché ero troppo spaventata per ribellarmi, difendermi o andare via.

Amma ha fatto affiorare un'enorme riserva di forza, coraggio e audacia che non pensavo minimamente di avere dentro di me. Oggi gestisco un ente no profit e tengo conferenze in tutto il Paese; insegno e organizzo programmi per centinaia di persone. Grazie ad Amma, sono riuscita a utilizzare la mia vita per compiere qualcosa di buono.

Amma conosce le inestimabili gemme nascoste dentro di noi e le porta alla luce. Come pietre preziose le taglia, le lavora e le lucida finché non brillano.

Trovare Durga dentro di noi

Oggi non ho più paura. Questa è la gemma che Amma ha fatto emergere dal mio profondo.

Lei è la mia forza e la mia luce guida. Amma è l'invincibile Durga Devi dentro di me.

Quando nella vita ci troviamo di fronte a enormi difficoltà, spesso abbiamo l'impressione che questa situazione sia molto ingiusta. Indipendentemente da quanti ostacoli si presenteranno sul nostro cammino, dovremmo sforzarci di superarli e di trovare un certo grado di equanimità. Se riusciamo a farlo, allora diverremo come il fiore di loto che cresce alto e resiliente dalla sporcizia e dal fango. Possiamo trarre molti insegnamenti se consideriamo le difficoltà come delle prove il cui unico scopo è quello di farci crescere e di rafforzare e purificare le nostre menti.

Amma ci ricorda che l'acciaio più forte e pregiato è prodotto nella fornace più calda. Le sfide e le esperienze dolorose con cui ci confrontiamo non ci vengono date per punirci, ma per portarci a un punto in cui saremo costretti a scoprire le nostre vere potenzialità. Dentro di noi si celano tesori inutilizzati. Per nostra fortuna, Amma sa vedere attraverso le nostre tribolazioni e paure e ci aiuta a trovare le inestimabili ricchezze che portiamo sempre con noi ovunque andiamo.

Con la grazia di Dio, il karma doloroso che dobbiamo sopportare può essere trasformato in lezioni di vita preziose. Quando impariamo ad abbandonarci a un potere superiore, diventiamo forti, coraggiosi e disponibili ad accogliere la nostra trasformazione interiore. Il velo si scosta, almeno un poco, e riusciamo a intravedere la bellezza nascosta presente sotto la superficie.

Noi siamo gli unici responsabili delle situazioni in cui ci troviamo, che sono il risultato delle nostre scelte e del nostro karma. Per fortuna il Divino ci restituisce sempre ciò che ci spetta e lo fa nel modo più bello: ponendoci nelle circostanze perfette per farci evolvere. Questa può essere una verità molto dolorosa da accettare, ma se saremo in grado di abbandonarci con chiarezza e comprensione alle circostanze della vita, avvertiremo una profonda pace e verremo mirabilmente trasformati.

Siate forti. I nodi karmici sono difficili da sopportare, ma con il tempo, la pazienza, il coraggio e una corretta comprensione, si scioglieranno da soli rendendovi liberi.

Capitolo 14

Scegliere di vivere

*La fede è salire il primo gradino pur
non vedendo l'intera scala.*

– *Martin Luther King, Jr.*

Prima d'incontrare Amma, entravo e uscivo costantemente dalla clinica psichiatrica di Medicina Comportamentale.

L'unica cosa che riusciva a dare un po' conforto alla mia vita era il pensiero del suicidio. Non so se volessi davvero uccidermi, ma spesso mi sembrava che fosse la scelta più sensata. Tentai seriamente di togliermi la vita solo in un paio di occasioni, ma in entrambi i casi intervenne il Divino e riuscii a sopravvivere.

In tutta onestà non sapevo cosa significasse "sentirsi bene". Ogni volta che ricevevo qualcosa di buono finivo per rovinarlo. Fui ammessa in una delle migliori università del Paese, ma alla fine mi feci espellere. Non riuscivo a tenermi un lavoro e finii nella lista delle persone con disabilità. Odiavo me stessa e la vita.

Non riuscivo nemmeno a trovare uno psicologo o uno psichiatra che accettasse di seguirmi. I terapisti non riuscivano a prendersi cura di me. Mi ritenevano una paziente troppo impegnativa e finivano col "mandarmi via".

Trascorsi del tempo in carcere e persino mia madre si rifiutò di pagare la mia cauzione. Poiché non ero in grado di presenziare al processo, il mio caso fu valutato dal perito psichiatrico che ordinò il mio ricovero in una struttura psichiatrica adeguata (di nuovo). Ma anche lì nessuno voleva saperne di me.

Mi recai nella migliore clinica della zona; avevo tutti i documenti in regola e l'assicurazione sanitaria. Era la mia ultima speranza, ma non fui nemmeno ammessa. Il medico che doveva valutare la mia ammissione alla struttura, dopo avermi a malapena guardata mi respinse come paziente dicendomi: "Scordatelo. Date le circostanze, puoi benissimo rivolgerti a un ospedale pubblico".

Nessuno sapeva cosa fare di me e sicuramente neppure io sapevo cosa fare di me stessa. Mi sentivo completamente inutile.

Scegliere di vivere

A dire la verità, a me piaceva essere ricoverata in ospedale e non avrei mai voluto lasciarlo. Lì mi davano da mangiare e mi facevano prendere le medicine. Avevo una routine giornaliera da seguire ed era molto più di quanto io riuscissi a fare per me stessa.

La mia migliore amica era costantemente preoccupata per me e insistette affinché io incontrassi suo zio. Non ne avevo nessuna voglia. "Cosa pensi che possa fare?", ribattevo, "Non è che un altro uomo orribile". Ma lei non si diede per vinta.

Quando alla fine lo incontrai, l'unica cosa di cui voleva parlare era Amma. Mentre lo ascoltavo, continuavo a pensare: "Sì, vabbè! Qualche santo mi aiuterà... Perché dovrei crederci?".

Lui non smetteva di parlare e io di alzare gli occhi al cielo. Tuttavia, in qualche modo le sue parole cominciarono a far presa su di me. D'altronde cosa avevo da perdere? C'era una piccola parte di me che era curiosa, persino affascinata da tutto questo.

Qualche giorno dopo vidi un volantino con la scritta: *"Scoprite chi è Mata Amritanandamayi"*. Che coincidenza! Si trattava della stessa Amma di cui mi aveva parlato lo zio della mia amica. Decisi così di recarmi alla conferenza, ma ero sempre sulla difensiva: l'intera faccenda mi insospettiva.

Una luce nell'oscurità

Un po' per curiosità e soprattutto perché non avevo nulla da fare, alla fine decisi di recarmi nell'ashram locale di Amma. In quel periodo lei non era nella nostra città, ma quella comunità mi piacque e così iniziai a frequentare regolarmente i *satsang*.

Qualche mese più tardi Amma venne negli Stati Uniti e decisi d'incontrarla. Lei era il chiodo fisso di tutti quelli che conoscevo. Come tutti gli altri, presi anch'io l'aereo per raggiungerla a Seattle. I miei amici continuavano a chiedermi: "Come sta andando la tua prima esperienza? Ti piace?".

La odiavo.

Sorridendo a denti stretti, rispondevo mentendo: "Oh sì, è fantastica! La adoro!".

Sorridevo e ridevo esteriormente, ingannando tutti tranne me stessa. Il mio unico pensiero era: "Devo andarmene da qui. Odio questo posto... Voglio tornare a casa!".

La mia amica continuava a insistere affinché prendessi un mantra. Ogni volta che la vedevo ripeteva la stessa domanda, come fosse un registratore: "Perché non prendi il mantra?". Non parlava d'altro. Con riluttanza acconsentii. Almeno così me la sarei tolta di torno.

Al termine del programma mi misi ad aspettare sulla balconata, pronta ad andarmene. Ricordo che ero appoggiata al corrimano; odiavo la mia vita: volevo morire. Nella testa affiorò di nuovo quella mia vecchia domanda così familiare: "Perché non ti uccidi?".

Tutto ad un tratto il mio mantra si fece strada tra i miei pensieri. Non sapevo nemmeno come recitarlo correttamente, ma iniziò a ripetersi nella mia mente scacciando, uno ad uno, i pensieri negativi. Potevo sentire la presenza di Amma vicino a me che mi sosteneva.

Tornata a casa, mi immersi nel *seva*. Sebbene la mente mi dicesse che odiavo ogni cosa legata ad Amma, c'era un'inspiegabile forza cui non riuscivo a resistere. Mi trovai a svolgere il *seva* per ore ed ore, aiutando nei preparativi per la venuta di Amma nella nostra città. Per settimane mi dedicai completamente alla pratica spirituale, aiutando e recitando senza sosta il mio mantra. Non fraintendetemi, la depressione mi tormentava sempre e non riuscivo ancora a capire cosa stessi facendo o il motivo del mio comportamento. Ciò nonostante mi sentivo irresistibilmente attratta dal servizio disinteressato e dalla ripetizione del mantra (*japa*).

Lentamente l'odio e la rabbia cominciarono a sciogliersi.

Molti anni dopo (e dopo innumerevoli crolli psicologici) una devota mi trascinò da Amma. Mi trascinò letteralmente. Mi prese per un braccio e mi portò vicino a dov'era seduta. Non volevo, ma lei si rifiutò di lasciarmi andare finché non riuscì a farmi sedere proprio alla destra di Amma.

Parlò per un paio di minuti con lei e poi un interprete mi comunicò la risposta di Amma: "Devi ascoltare i medici e prendere i farmaci che ti prescrivono. Se non lo farai, verrà la polizia e ti porterà via". Fu tutto quello che disse.

Non mi fidavo delle medicine. Quando non ero ricoverata in ospedale o il tribunale non mi costringeva a prenderle, le gettavo via (nonostante il medico me le avesse prescritte). Ma non appena Amma pronunciò la parola "polizia", seppi che dovevo ascoltarla. Ero terrorizzata all'idea di ritornare in carcere.

Al termine del programma, mentre Amma saliva sul camper, gridai: "Amma, Amma... voglio salire sul camper con te!". Non sapevo se fosse riuscita a sentirmi. "AMMA!", urlai. Gli occhi di tutti erano fissi su di me.

Amma si voltò.

Mi guardò con quegli occhi… occhi che dicevano: "Ah-ha. Vuoi salire sul camper con me?". Poi mi guardò dritta negli occhi e con un'aria molto seria dichiarò: "Prendi le pillole. Prendi le pillole!".

Appena arrivai a casa, chiamai il medico e dissi qualcosa che non avrei mai pensato di dire in vita mia: "Ho bisogno delle medicine! Datemi qualcosa! Ne ho bisogno *ora*!".

L'influsso di Amma mi ha aiutato a trasformare lentamente la mia vita. Oggi sono in terapia con una psicoterapeuta meravigliosa che riesce a gestirmi anche durante i miei giorni più difficili. È una devota di Amma e Amma è alla base della nostra relazione. Ho ripreso ad andare a scuola e per la prima volta sto iniziando a rimettere assieme i pezzi della mia vita.

Ricordo che al primo programma cui partecipai, a Seattle, Amma disse: "Pregate per la Grazia, anche se non la avvertite. Ricordate sempre che Dio e il Guru si prenderanno cura di voi, al di là di come vi sentite". A quel tempo non mi fidavo completamente di lei. Pregai di ricevere la sua Grazia innumerevoli volte. Pregai Amma di proteggermi e prendersi cura di me. Non so spiegare il perché, forse ero semplicemente disperata, ma prima di allora nulla aveva funzionato con me, questa cosa invece sì.

In passato provavo così tanta rabbia e odio per me stessa, adesso invece ho imparato ad avere fiducia. So che Amma è sempre con me e che non mi lascerà mai sola. Lei mi ama e si prende cura di me.

È solo strappando via ogni etichetta che puoi vedere Amma per quello che veramente è: puro amore e pura compassione. Quando non si conoscono l'amore e la compassione è molto difficile accoglierli. Credetemi, io so di cosa parlo.

Prima d'incontrare Amma ero completamente persa, a pezzi, e sola. Non avevo nessuno e volevo togliermi la vita. Amma ha cambiato ogni cosa.

Vivo ancora delle brutte giornate, parecchie, ma per la prima volta so che io vado bene. Per molti anni il mio unico conforto è stato pensare al suicidio. Ora questo pensiero non è più tra le possibili opzioni. Amma mi sta insegnando a vivere.

Tutti noi viviamo troppo spesso imprigionati nel mondo che ci siamo creati. Accusiamo ciò che ci circonda, gli altri o persino Dio dei nostri problemi, ma in verità sono le nostre azioni passate e il nostro

atteggiamento interiore ad averci portato al punto in cui siamo.

Finiamo invischiati in una rete prodotta dalle cattive abitudini ormai consolidate. Così intrappolati, ci sembra quasi impossibile poterci liberare. Tuttavia Amma ha una soluzione segreta capace di dissolvere la rete, sciogliere i nodi e... liberarci.

Indipendentemente dalle circostanze in cui ci troviamo, ognuno sperimenta il mondo in un modo completamente diverso. La maggior parte di noi basa le proprie decisioni e opinioni su pensieri ed emozioni sempre mutevoli che fluiscono costanti nella nostra mente, impedendoci di vedere con chiarezza la realtà. Ma Amma non vive la sua vita in questo modo, la sua visione è sempre nitida.

Coloro che raggiungono lo stato di purezza in cui si realizza Dio sono liberi da quel tumulto di pensieri ed emozioni che ci rendono inquieti. In quello stato, la chiarezza e una visione limpida, che provengono da una profonda saggezza interiore, possono fluire attraverso i nostri pensieri e le nostre emozioni.

Amma dice che il mondo può guarire solo grazie al potere dell'amore. Ed è per questo che lei è qui e ha assunto questa forma. L'amore di Amma è qui per noi, in ogni momento... dobbiamo solo ricordare che ciò che ci separa dal suo amore è solo lo spazio di un pensiero. La presenza di Amma è il dono più grande di Dio per questo nostro mondo sofferente.

Capitolo 15

Scegliere la luce

*Non c'è niente di più morbido e fluido
dell'acqua, eppure nulla può resisterle.*

– Lao Tzu

Arrivai ad Amritapuri il giorno di Natale del 2007, alla una e mezza del mattino. Mi diedero una stanza nel tempio e andai a letto alle due. Non avevo mai incontrato Amma, ma quella notte sognai di ricevere il suo darshan. Fu un sogno così vivido: Amma mi diede il benvenuto e strinse il suo cuore al mio. Mi diede dei consigli, che tutt'ora ricordo, poi, mentre mi abbracciava, mi svegliai.

Erano le cinque del mattino e si stava svolgendo l'*archana*, la recitazione dei Mille Nomi della Madre divina. I mantra risuonavano in tutto l'ashram. Potevo sentire salmodiare gli uomini nel grande salone del darshan e le donne nel tempio. Balzai fuori dal letto e corsi giù per le scale.

Una luce nell'oscurità

Era il giorno di Natale e mi sentivo come un bambino in un parco giochi. Tutto il posto sembrava incantato. Avevo dormito solo tre ore, ma ero pieno di energia ed entusiasmo. Ricevetti il mio primo darshan e fu davvero il Natale più magico della mia vita. Quella notte non riuscii a dormire. Ero completamente sveglio e alle tre del mattino ero ancora in giro ad esplorare l'ashram. Mentre camminavo verso il palco (anche se era chiuso da porte scorrevoli), udii della musica e così aprii la porta per vedere cosa stesse succedendo. Vidi Amma che stava provando alcuni *bhajan*, circondata da una ventina di persone. Entrai e mi unii a quella scena intima di *bhajan*. Amma stava ripetendo più volte lo stesso canto, simile a una ninna nanna. Stavo per scivolare nel sonno quando un colpetto deciso sulla spalla mi svegliò. Tutti i presenti mi fissavano, compresa la Madre divina. Guardandomi dritta negli occhi, Amma disse con forza: "Svegliati figlio mio, svegliati!". Non mi sfuggì il significato delle sue parole.

Prima d'incontrarla, avevo tutto quello che desideravo: una bella ragazza, un appartamento, un'auto, un divano in pelle, un televisore ad alta definizione (HD). Amavo il mio lavoro, vivevo in una bellissima città e avevo un cane fantastico. Inseguivo i miei

Scegliere la luce

desideri; ogni tanto facevo uso di droghe ed ero alla ricerca di quello che pensavo fosse la felicità. Avevo ogni tipo di comfort, ma non provavo quell'appagamento interiore che stavo cercando.

Passato il Natale, tornai in Occidente e ripresi la vita di sempre. Ero sempre più vicino ad Amma, le facevo visita quando potevo e iniziai a svolgere qualche pratica spirituale (di tanto in tanto), ma non ci fu nessun altro cambiamento importante.

Qualche anno dopo Amma mi ritornò in sogno. Mi teneva in una mano: io ero vicino alla mia ragazza e avevamo un bambino. Sul palmo dell'altra sua mano sedevo nella posizione del loto, in meditazione, avvolto dalla luce. Mi guardò e mi disse: "SCEGLI". La forza delle sue parole mi svegliò.

Il messaggio era chiaro: vuoi una vita da famiglia ideale o vuoi essere circondato dalla luce divina? Lasciai la mia ragazza, vendetti l'appartamento e mi trasferii in India.

Da allora, ho trascorso i più fantastici anni della mia vita: stare con Amma, viaggiare con lei, essere vicino a persone colme di devozione. Mi sento connesso con il mio vero Sé, con chi sono veramente, al di là dell'ego.

Una luce nell'oscurità

Sono sempre stato una persona gioiosa, che ama godersi la vita, ma in passato la mia felicità si basava sempre su oggetti esterni: una TV gigante, un'auto appariscente, una bella ragazza. Adesso sento in me questa gioia profonda che non mi lascia mai; è una presenza, un senso di profonda soddisfazione che non mi spinge a cercare nient'altro oltre a ciò che ho già interiormente.

La maggior parte delle persone non sa come trovare la vera felicità. Anch'io come loro cercavo la felicità nelle situazioni esterne, ma tutto questo finiva sempre per lasciarmi una sensazione di vuoto, di tristezza e di scontento nei confronti della vita. Non ero felice di ciò che ero.

Ora tutta la mia vita è diventata un "*prasad* del Guru" e qualsiasi cosa mi accada, gli alti e i bassi della vita, la considero un dono. Per la prima volta mi sento a mio agio quando sono solo. Non sono più alla ricerca di qualcosa di diverso da Dio.

Amma è Ciò che ho sempre desiderato, e sento che la mia esistenza è un dono della grazia di Dio. Sono grato di potermi svegliare ogni giorno e per la prima volta nella mia vita sono pienamente contento.

Quando Amma vede dei devoti che comprendono fino in fondo i lati negativi del materialismo, i suoi occhi si illuminano di orgoglio ed esclama: "I miei figli hanno spezzato le loro catene. Desiderano lavorare altruisticamente per il bene degli altri e questa loro intenzione gli farà guadagnare la ricchezza più grande che si possa immaginare: la pace della mente".

È emozionante pensare che sia davvero possibile superare le tentazioni di maya (illusione). Con grande dolcezza, maya ci attrae con i beni di lusso, la buona reputazione e il successo, ma appena cediamo alle sue lusinghe, si rivolta brutalmente contro di noi e ci imprigiona con le catene dell'infelicità.

È importante che svolgiate il vostro dharma e assumiate le vostre responsabilità nel lavoro e in famiglia, ma tenete sempre presente che tutto ciò non vi darà una felicità duratura. I giovani sono oggetto di pressioni da parte della società, che vuole che si sposino e abbiano figli, e gli viene fatto credere che in tal modo la loro vita sarà perfetta. Tuttavia, se la coppia manca di maturità e di pazienza, finisce per entrare in conflitto. L'infelicità che si crea porta alla separazione, spaccando la famiglia.

I figli crescono, e quando sono adulti ripeteranno i comportamenti disfunzionali appresi dai genitori. Questo ciclo andrà avanti all'infinito. Quel sogno perfetto che tanto cerchiamo non esiste nel mondo.

Non importa se scegliamo di vivere in un ashram o in famiglia. In entrambe le situazioni, la verità non cambia: solo un'esistenza basata su un sistema di valori nobili apporta l'appagamento a cui aspiriamo. Se impareremo a vivere in accordo con i principi superiori, conseguiremo la vera realizzazione.

Capitolo 16

Il vero yoga

La ferita è il luogo in cui la luce entra in te.

– Rumi

Ero sul balcone a fumare una sigaretta quando, all'improvviso, questo crollò sotto i miei piedi. In un attimo la mia vita precipitò letteralmente.

Ero una donna di successo, una mamma single e avevo raggiunto una buona sicurezza economica. Sentivo che la mia vita era piena di significato e di grazia, nonostante provassi una certa avversione per le pratiche e gli insegnamenti spirituali.

Poi, in un attimo, mi trovai nel reparto di ortopedia di un ospedale con un medico di fianco al letto che mi mostrava una serie di radiografie: fratture multiple del bacino, osso sacro fratturato e lesioni multiple alla colonna vertebrale. Anche le mani e i piedi erano fratturati. La mia vita perfetta era andata in pezzi.

Una luce nell'oscurità

Una schiena rotta è sempre una schiena rotta, al di là di quanti pareri medici tu chieda. Avevo una lesione molto rara e dolorosa alla zona sacrale della spina dorsale e il dolore era tale che, se qualcuno toccava anche solo leggermente il bordo del mio letto, tutto il mio corpo si contorceva per gli spasmi.

Prima dell'incidente ero una persona distaccata, lontana dagli altri. Dopotutto ero una consulente strategica di una grande e importante azienda, ma in un battibaleno quella donna di successo fu scaraventata nel mondo reale.

Per sopravvivere, dovevo per forza aprire il mio cuore a tutte le infermiere e al personale ospedaliero. Nessuna quantità di denaro li avrebbe indotti ad avere più attenzione al modo in cui si prendevano cura di me. Nessuna strategia mi avrebbe garantito un'infermiera migliore.

La mia ripresa sembrava senza speranza. Nessuna terapia medica diminuiva il dolore e mi aiutava nei movimenti.

Alla fine capii che sarei riuscita a muovermi leggermente se fossi rimasta molto calma, tranquilla e distaccata. Dovevo solo modificare il ritmo del respiro, non c'era altro modo. Se rallentavo il respiro, potevo rallentare le attività del mio corpo e ridurre il dolore.

Quando rimanevo nella consapevolezza e guidavo il respiro, il corpo rispondeva. Ideai alcune piccole pratiche di respirazione. Quando le usavo, ero in grado di sentire le dita dei piedi. Quando la concentrazione, la focalizzazione (*dharana*) veniva meno, il dolore ritornava rapidamente.

Non avendo intenzione di vivere in un letto di ospedale o di essere condannata a una sedia a rotelle per il resto della vita, cominciai a ripetere più volte al giorno le pratiche che avevo inventato. I risultati furono eccezionali: iniziai a guarire in modo incredibilmente rapido.

Più il personale notava la mia dedizione, più cercava di aiutarmi. Quando in reparto i pazienti vedevano che le mie pratiche davano risultati, mi chiedevano: "Ehi, cosa stai facendo? Possiamo farlo anche noi?". Presto tutti i pazienti del reparto erano impegnati a eseguire questi esercizi di respirazione e a muovere il proprio corpo. Stavamo imparando come guarire noi stessi.

C'era anche una paziente di colore, bellissima, appartenente a un ceto medio-basso, che portava un busto ortopedico. I suoi familiari, compresi i suoi bambini, venivano a farle visita ogni giorno. Eravamo in Sudafrica e, per la storia e la situazione politica passata del nostro Paese, capivo molto bene la sua sofferenza. Questa donna era stata investita da un camion mentre era al lavoro e l'avevano appena operata alla spina dorsale per la quarta volta nel tentativo di rimediare al danno che aveva subito. La sua famiglia si era dovuta indebitare per pagare le spese sanitarie.

Le infermiere sembravano trattarla con indifferenza e non riuscivo a capire perché. Quando glielo chiesi, mi risposero che per caso avevano sentito che la sua famiglia aveva deciso che sarebbe stato meglio per lei non seguire le indicazioni mediche e arrivare intenzionalmente alla paralisi totale perché solo così avrebbe potuto usufruire dell'assistenza statale.

Ero inorridita al pensiero che in un Paese sviluppato, in un ospedale all'avanguardia, una donna stesse deliberatamente scegliendo di diventare paralitica per non essere distrutta economicamente dalle spese mediche.

Fu allora che decisi di aiutare chi si trovava in situazioni simili. In quel momento non potevo aiutarla perché avevo entrambe le mani fratturate, ma ero determinata a fare qualcosa. Fui dimessa dall'ospedale il mese successivo; non camminavo ancora bene e avevo ancora bisogno di molto riposo, ma riuscivo a muovermi con le stampelle. Continuavo anche a svolgere le pratiche iniziate nel mio letto di ospedale.

Durante i miei esercizi, ascoltavo con calma il mio corpo ed eseguivo, come imparai più tardi, delle *asana*, delle posizioni yoga. Riuscivo anche a scivolare sul bordo del letto per fare la posizione della candela. Ignoravo che tutto questo facesse parte dello yoga, sapevo solo che mi aiutava.

Contattai un'infinità di fisioterapisti, ogni cosiddetto "guaritore" che riuscivo a trovare, ma non appena iniziavo ad elencare quasi fosse una litania le lesioni riportate: "Il mio bacino è fratturato in cinque punti, l'osso sacro è fratturato, il gomito è …", mi rispondevano: "Per cortesia, mi richiami tra un anno".

Solo allora compresi quanto sia incredibilmente difficile trovare qualcuno che sia disposto ad aiutare chi ha maggiormente bisogno. Massaggiare una persona paraplegica o chi sta eseguendo un ciclo di chemio, piuttosto che una casalinga con un lieve torcicollo, richiede una notevole dose di coraggio.

Dopo aver telefonato a sessantaquattro terapisti, trovai finalmente un paramedico disposto a venire a farmi un massaggio ogni tre giorni. Mi prestò persino una panca a inversione. Iniziai una serie di inversioni sincronizzandole con il respiro e con i movimenti che già facevo, e in sei mesi cominciai a camminare, a guidare e persino a poter prendere di nuovo l'aereo. Anche così, se perdevo la consapevolezza per un solo istante, il dolore ritornava.

Quando alla fine mi sentii abbastanza bene, decisi di andare a tagliarmi i capelli (lo avevo rimandato perché era troppo doloroso restare seduta a lungo). La parrucchiera mi diede un biglietto da visita con scritto: 'YOGA.' Pensai: "Quanto sarà difficile?". Sorrisi mentre immaginavo un sacco di hippy che ballavano di qua e di là. Mi dissi che accostarmi allo yoga non mi avrebbe fatto male.

Quando al telefono raccontai all'insegnante del corso tutte le mie lesioni, si mise a ridere e disse: "No, non puoi venire alle mie lezioni, ma in un ashram vicino c'è un insegnante di yoga terapeutico".

Il luogo dove tenevano questo tipo di yoga divenne la mia nuova casa. Quando spiegai le mie pratiche di consapevolezza corporea e del respiro, l'insegnante esclamò entusiasta: "Ma questo È yoga! In tutto questo tempo hai fatto yoga!". Per due anni andai alle lezioni tre volte la settimana; frequentarle, mi diede la forza per poter accettare la mia trasformazione.

Quando guarii, decisi di vendere tutto ciò che possedevo e di utilizzare il denaro ricavato per avviare un'organizzazione no profit che avrebbe offerto un programma terapeutico basato sullo yoga e sull'ayurveda, rivolto a persone colpite da gravi menomazioni e lesioni. Il nome dell'organizzazione sarebbe stato "Brave" (coraggio).

Volevo che "Brave" fosse un luogo aperto a chiunque, un posto dove le persone potessero fare un'offerta libera, o anche nessuna offerta, e dove il denaro non avrebbe fatto la differenza. A "Brave", la mancanza di soldi non sarebbe stato un ostacolo al processo di guarigione.

Poi un devoto di Amma venne in Sudafrica e tenne un *satsang* (discorso spirituale) nella nostra comunità. Guardammo il video "Embracing The World". Francamente, non ricordo proprio le scene del darshan, essendo completamente incantata dal grande numero di opere umanitarie gestite da Amma. Dopo aver visto il video pensai: "Bene! Ci siamo! Se Amma riesce a portare avanti tutte queste opere caritatevoli, allora io posso gestire la mia piccola organizzazione!". Mi sentivo profondamente ispirata.

Proprio nel periodo in cui "Brave" prendeva forma, mio figlio stava terminando le superiori. Come regalo per la sua maturità, gli dissi che lo avrei portato in India. Desideravo incontrare Amma e vedere cosa potevo imparare nella gestione della mia associazione. Arrivammo ad Amritapuri... e là c'era Amma. Non sapevo neppure cosa questo potesse significare.

Quando andai per la prima volta da lei, non mi aspettavo nulla dal suo darshan. Ero venuta ad Amritapuri solo per imparare ad aiutare la gente, ma quando sollevai lo sguardo e vidi per la prima volta Amma dare il darshan, fui travolta da un'ondata di estremo dolore e sofferenza; riuscivo a sentire il dolore di ciascuna delle migliaia di persone presenti. Scoppiai in lacrime senza riuscire a smettere di piangere.

Comprammo delle ghirlande e ci unimmo alla coda per il darshan. Mentre la fila era sempre più vicina ad Amma, il dolore che sentivo cominciò a trasformarsi in luce e beatitudine. Una sensazione paradisiaca.

Quando arrivai finalmente davanti a lei, non riuscii a dire una parola. Mentalmente chiesi ad Amma: "Aiutami ad aiutare le persone che soffrono". Mentre mi allontanavo dal palco assieme a mio figlio, un *brahmachari* che era presente mi chiese: "Lei è un'insegnante di yoga terapeutico?". Non avevo detto a nessuno la mia professione. "La prego mi segua, c'è una persona con il morbo di Parkinson che ha bisogno di lei".

Qualche giorno più tardi sentii che dovevo andare in pellegrinaggio a visitare la sede del Centro Yoga a cui ero affiliata, e così partimmo. Quando arrivammo, fummo ospitati nel centro. La prima notte feci un sogno molto vivido: udii la forte risata dello Swami che aveva fondato la mia scuola di yoga e che era deceduto parecchi anni prima e poi sentii ridere anche Amma. Vidi che mi guardavano entrambi, uno vicino all'altra. Lo Swami disse: "Guardati! Perché mi stai cercando qui, in questa statua, quando sono vivo in Amma?".

Non aspettai nemmeno il sorgere del sole. Afferrai mio figlio e ritornai di corsa ad Amritapuri. Avevo compreso che la luce divina non è un'esclusiva di una forma o di una situazione. Il Divino è in ogni cosa.

Una luce nell'oscurità

Nel mio centro terapeutico giungono persone di religioni, razze e situazioni economiche diverse. I nostri pazienti hanno lesioni e malattie di ogni tipo e noi ci aiutiamo reciprocamente a guarire. Nonostante le differenze, siamo un'unica famiglia. Siamo un crogiolo, proprio come l'ashram di Amma. Quindi, pur essendoci ovunque delle bellissime foto di Amma, famiglie appartenenti a diverse fedi religiose permettono ai loro figli di sedere e cantare "AUM" tutti insieme.

Quando di recente sono andata in visita all'ashram, ho portato una grande foto incorniciata da offrire ad Amma in cui si vedevano i miei pazienti con una foto di Amma accanto a una di Nelson Mandela. Ad Amma è piaciuta tantissimo. Sento che quella foto rappresenta perfettamente i tempi in cui viviamo. C'è così tanto dolore attorno a noi ma, al tempo stesso, siamo inondati da una grazia straordinaria.

L'amore e il servizio sono davvero la forma più alta di sadhana; essi sono, in assoluto, le azioni migliori

che potremmo compiere. Ogni giorno Amma allevia il dolore del mondo e ci ispira a impiegare i doni che abbiamo al servizio degli altri, invece di rimanere nel nostro dolore e nella nostra sofferenza. Aiutare gli altri è sicuramente la maniera migliore di aiutare noi stessi. Amma sta cercando di ispirare ognuno di noi a fare semplicemente la propria parte in ogni modo possibile.

Capitolo 17

La scatola delle vasana

Tutto ciò che sono o spero di essere, lo devo a quell'angelo di mia madre.

– Abraham Lincoln

Un'estate mi sentivo veramente giù di morale. Mi sembrava di essere completamente travolto dalla negatività. Di solito, quando mi sento troppo negativo, mi tengo a distanza da Amma; più sono di umore nero, più le sto lontano. So che la negatività è data dalla lontananza da Dio, ma quando sono in quello stato d'animo mi sento così ripugnante e disgustoso che penso: "Come posso avvicinarmi a ciò che è cosi radioso e bello?' Non che possa contaminarlo, è solo troppo imbarazzante per me".

Dopo un grande tumulto interiore, mi convinsi finalmente a fare una domanda ad Amma nella speranza che mi avrebbe trasformato. Scrissi la domanda su un foglietto di carta: *'Quando la negatività mi travolge, dovrei trovare qualcuno con il quale confidarmi? Mi vergogno ad andare da Amma perché tutti sentirebbero cosa direi'.*

Lei mi tirò l'orecchio e mi sorrise dolcemente. "Tutti hanno questo problema. Non preoccuparti, apri il tuo cuore ad Amma". Poi lei citò un *bhajan* in cui si dice che dobbiamo togliere ogni nostro strato protettivo di fronte al Guru, proprio come quando peliamo le cipolle e rimuoviamo ogni buccia: "Lascia che ti dia la mia vergogna, la gelosia…" Ispirato dalle sue parole, desiderai offrire tutto me stesso ad Amma: la parte buona e quella cattiva. Dovevo ammettere la mia impotenza e incapacità. Volevo dirle: "Non ci riesco da solo, ho bisogno della tua grazia".

Trovai una bellissima scatola…

Decisi di metterci tutte le mie *vasana* (tendenze negative). Trovai alcuni ritagli di carta colorata su cui scrivere tutte le mie *vasana*: paura, pigrizia, rabbia, depressione e avidità. Avrei potuto continuare l'elenco, ma pensai che fosse meglio semplificare. Non volevo essere troppo descrittivo!

Trovai un sacchetto di plastica trasparente in cui porre quei foglietti e poi scrissi all'esterno "Spazzatura". Nella scatola misi anche un piccolo portagioie sul quale scrissi "Tesori" per simbolizzare le mie buone qualità; ma, non venendomi in mente nulla, lo lasciai vuoto.

Scrissi tutto in malayalam, in modo che Amma potesse leggerlo direttamente. In tal modo avrei avuto la riservatezza che desideravo, non ci sarebbe stato bisogno di un interprete e nessun altro all'infuori di lei avrebbe letto il mio messaggio.

La mia preghiera era semplice e la ripetei continuamente mentre mi preparavo per il darshan: "Ti prego Amma, elimina la 'spazzatura'".

Avvicinai la scatola ad Amma e le dissi nel mio migliore malayalam: "Amma, questa è la scatola delle *vasana*!". Amma lesse ogni *vasana* ad alta voce, una ad una, e poi ripose con cura i foglietti nella scatola, poi ritirò fuori tutto e lesse nuovamente ogni cosa pubblicamente. "Ne hai dimenticate alcune", esclamò, "gelosia, spirito di competizione e lussuria!"

Quando prese il portagioie con i "tesori" e lo aprì, disse: "Oh, povero!" e rise. Mi ridiede la scatola e con un sospiro pensai: "Beh, almeno sono stati benedetti". Avevo sperato che tenesse il tutto.

Quella notte prendemmo il volo per tornare in India. Amma era seduta con noi nella sala d'attesa dell'aeroporto. Io ero di spalle a lei. A un tratto

Amma si volse, mi guardò e mi fece uno splendido sorriso, il più bello che abbia mai visto. Sembrava fosse molto compiaciuta e contenta di me, e iniziò a parlare della scatola delle *vasana*.

"Questo ragazzo mi ha dato una scatola delle *vasana*!", annunciò ad alta voce. E ripeté ogni singola *vasana* che avevo scritto per lei. Rideva: "C'era anche un portagioie con i 'tesori', ma era vuoto".

Ero allibito. Come in trance, mi alzai e calpestando, o forse travolgendo, sei o sette persone mi avvicinai ad Amma. Mi accoccolai ai suoi piedi (sedendomi in braccio a qualcuno). "Hai la scatola?", chiese Amma, "Voglio vederla!".

Le risposi che l'avevo messa nel bagaglio da imbarcare e che gliela avrei data non appena fossimo arrivati ad Amritapuri.

Arrivati all'ashram, misi nella scatola anche le *vasana* che lei aveva aggiunto e poi portai il tutto nella camera di Amma, consegnandolo alla sua assistente. Non mi aspettavo che Amma avrebbe guardato quella scatola di nuovo poiché ogni giorno le persone le danno ogni sorta di oggetti; tuttavia, dopo questo mio gesto, provai una profonda sensazione di sollievo, come se avessi dato le mie *vasana* a Dio. "Bene, la faccenda è chiusa", mi dissi.

La scatola delle vasana

Ma non era ancora finita. Quella sera, quando Amma arrivò per cantare i *bhajan*, vidi che teneva in mano qualcosa di insolito, ma non riuscivo a capire bene cosa fosse. Cercai di guardare più attentamente. "'No, non è possibile", pensai, "Non può essere…" Ebbene sì, Amma era sul palco con in mano la mia scatola delle *vasana* davanti all'intero ashram, a migliaia di persone!

"Di chi è questa scatola?" chiese al microfono. Avrei voluto nascondermi sotto il tavolo, ma alzai timidamente la mano.

Davanti all'intero ashram, Amma esclamò: "Questa è la scatola delle *vasana*. Quel ragazzo mi ha dato la scatola delle *vasana*!". Tutti diressero lo sguardo verso di me, mentre lei leggeva al microfono ogni mia vasana.

Al termine dei *bhajan*, andai correndo verso le scale che portavano alla camera di Amma, nel caso volesse dirmi qualcosa. Quando arrivò, si fermò e mi guardò. Poi disse entusiasta a tutti quelli che le erano intorno: "Questo è il ragazzo che mi ha dato la scatola delle *vasana*! Mi ha dato una scatola piena di *vasana*!".

Il giorno seguente, durante il darshan dovetti salire sul palco per chiedere a una persona qualcosa sul mio *seva*. Amma mi vide e mi chiamò. Con lo stesso entusiasmo della sera prima esclamò: "Oh, questo è il ragazzo che mi ha dato la scatola delle *vasana*!", e poi raccontò l'intera faccenda alle persone che le erano accanto, elencando accuratamente ogni *vasana*.

Quella scatola mi fece interagire almeno sei volte con Amma e ogni nostra conversazione mi avvicinò di più a lei.

Ma non finì tutto qui. La scatola delle *vasana* era diventata famosa. Fu menzionata durante le lezioni sulle Scritture all'ashram, in un articolo con foto sul sito web di Amma e se ne parlò sulla pagina Facebook di Amma e in un articolo della rivista Matruvani. Il paradosso era che, ovviamente, tutta la faccenda aveva avuto inizio perché ero troppo timido per andare da Amma - non volevo che nessuno sapesse dei miei problemi!

Non so spiegare cosa provai nel vedere Amma tenere in mano la scatola… era una sensazione emozionante, estremamente intima. Mi sembrava di essere il tema della presentazione di una ricerca davanti alla propria classe. Quel giorno io ero stato il soggetto della ricerca di Amma, che mi aveva portato a scuola con lei e mi aveva mostrato con orgoglio a tutti i bambini della sua classe.

La cosa più bella era come lei avesse reso buffa l'intera faccenda. Troppe volte mi sento una calamità: uno sfacelo, un enorme e terribile disastro. Tuttavia, nel suo modo concreto e aggraziato, Amma ha preso ogni mia paura e negatività e l'ha trasformata in qualcosa di estremamente divertente. Con il suo benevolo umorismo ha rimosso la mia vergogna.

Gestire le proprie vasana può essere molto difficile. Nonostante il nostro grande impegno, a volte sembra che non riusciamo a cambiare; ma quando impariamo a superare la vergogna e a deporre le nostre negatività ai piedi del Guru, possiamo cominciare a eliminare le vasana sottili. Per riuscirci, occorre tantissimo impegno e perseveranza.

Tutti noi abbiamo difetti e brutte abitudini, ma questo non dovrebbe bloccarci. Amma dice: "Non potrete mai diventare amici della mente. Sarà sempre una vostra nemica e cercherà in ogni modo di trascinarvi in basso. Cercate di padroneggiare i vostri pensieri anche ricorrendo a volte all'immaginazione".

Una luce nell'oscurità

Sprechiamo così tanto tempo immaginando cose negative. Usiamo invece la fantasia in modo positivo, supponendo che stia per accadere qualcosa di bello (ma attenzione, tenete a freno le vostre aspettative!). È sufficiente un solo pensiero positivo per farci uscire dal campo negativo in cui a volte veniamo trascinati.

Durante il tour dell'India di qualche anno fa, un giovane che aveva appena incontrato Amma si unì al nostro pellegrinaggio. Uno dei momenti più belli dei tour indiani è quando Amma serve la cena. È consuetudine offrire sempre "una seconda porzione" a chi ha ancora fame. Il comportamento corretto sarebbe prendere uno o due altri chapatti (o qualunque altro cibo) e poi passare il vassoio al vicino. Quando il secondo piatto colmo di chapatti arrivò davanti a quel ragazzo, egli pensò che fosse tutto per lui! Così quella sera mangiò qualcosa come quaranta chapatti! Mangiò e mangiò finché fu così pieno che faceva fatica perfino a muoversi.

Amma lo osservò attentamente mentre mangiava e quando poi il ragazzo ebbe finito, lo chiamò vicino a sé. Gli disse che nelle Scritture vediche si parla di un demone chiamato "Bagan". Questo demone era così ingordo che veniva utilizzato per divorare interi villaggi: mucche, cani, e persino esseri umani. Amma disse al giovane che non aveva mai creduto a tali storie finché... non aveva incontrato lui. Ora sapeva che era possibile! Tutti risero, soprattutto il ragazzo.

In seguito, costui mi disse che in quella situazione aveva provato tantissima gioia. Si era sentito come un cucciolo che si bea nella benevola ironia di Amma. In quel momento si sentiva completamente amato, visto com'è veramente e accettato da Amma e dalla sua comunità.

Ognuno di noi ha desideri, non c'è da vergognarsene, ma quando decidiamo che è venuto il momento di perseguire un obiettivo superiore, i desideri più ricorrenti iniziano ad avere meno presa su di noi. Quando decidiamo di impegnarci coscientemente per muoverci in una direzione positiva, viene liberato un flusso di grazia.

Quando compiamo anche un piccolo sforzo per tenere a freno le negatività che ci bloccano e cerchiamo di fare la cosa giusta, veniamo sicuramente raggiunti dalla Grazia di Amma che ci accompagnerà per il resto del cammino.

Capitolo 18

Trovare la pace

Danza, quando sei distrutto. Danza, se hai strappato le bende. Danza nel bel mezzo del combattimento. Danza nel tuo sangue. Danza quando sei perfettamente libero.

– Rumi

Prima d'incontrare Amma vivevo alla continua ricerca di situazioni emozionanti e da brivido. Desideravo costantemente rivivere quell'improvvisa e intensa ebbrezza... quando ti senti più vivo che mai, quando il cuore batte all'impazzata... quando il sangue scorre alla massima velocità, *quella sensazione che ti fa sentire completamente vivo.*

Non mi importava di nulla e di nessuno. La mia esistenza ruotava attorno al trovare situazioni che mi dessero un brivido di eccitazione, una scarica di adrenalina: la mia era una vita al limite. Dopo aver fatto paracadutismo non dormivo per tre giorni per l'incontenibile euforia. Quando facevo surf su onde alte più di quattro metri, mi sentivo come un dio che cammina sull'acqua. Quando mi arrampicavo sulle rocce, mi accorgevo della grande intensità della mia euforia.

Facevo surf, paracadutismo e scalavo le rocce sempre dopo aver assunto droghe. Non sto scherzando. A volte non sapevo nemmeno se fossi sobrio o no quando uscivo per praticare questi sport estremi.

Lavoravo due notti la settimana, il venerdì e il sabato, in un bar locale. Ero un bartender professionista e guadagnavo un sacco di soldi. Preparavo i cocktail con tecniche acrobatiche e giocavo con il fuoco. Spargevo dell'alcol sul bancone e mandavo letteralmente a fuoco il bar. Questo era il mio "lavoro", il resto del tempo lo trascorrevo cercando qualcosa che mi procurasse il brivido assoluto.

Mi alzavo a mezzogiorno, bevevo un caffè, fumavo uno spinello, afferravo il cellulare e chiamavo il mio migliore amico: "Ehi fratello, che si fa oggi…?"

Non ero una brava persona e la spiritualità era la cosa più lontana dalla mia mente. Vivevo il lato oscuro della vita e non avevo assolutamente intenzione di crescere.

Poi incontrai mia moglie.

Trovare la pace

Quando cominciammo a uscire assieme, andai a casa dei suoi genitori. La prima cosa che notai fu una foto appesa alla parete che raffigurava dei piedi nudi, i piedi di una donna indiana. In salotto non c'erano mobili, ma solo cuscini sparsi su tutto il pavimento. Pensai: "Oh, no! In cosa mi sono cacciato frequentando questa ragazza?", ma al tempo stesso mi sentivo completamente affascinato da quei piedi. Chiesi alla mia ragazza a chi appartenessero e chi fosse quella donna e, la cosa più importante, perché non avessero mobili!

All'iniziò lei era restia a parlarmi di Amma, ma alla fine cedette. Mi invitò ad assistere al *satsang* a casa sua, a cui andai nel fine settimana. Quando arrivai, la stanza era piena zeppa. Tutti erano stipati, seduti su cuscini sparsi ovunque per terra. Il suo patrigno suonava i tamburi (in realtà erano *tabla*) mentre sua madre suonava la tastiera (a quel tempo ignoravo che fosse un armonium). Cantavano dei canti indiani, ma io non potevo cantare assieme a loro non riuscendo a capire come leggere le parole. Quando ci ripenso, mi accorgo di quanto tempo sia passato e di quanto la situazione sia diversa.

Quella sera eseguirono l'*arati*, facendo ondeggiare la fiamma della canfora accesa davanti alla foto di Amma. Trovai buffo quando scattò il rilevatore di fumo.

Qualche giorno più tardi chiesi alla mia ragazza se potevo incontrare Amma.

Trovammo un biglietto aereo a buon prezzo e dopo diverse settimane ci recammo al programma di Amma a Toronto. La sala era affollatissima, c'era gente dappertutto. Tutti aspettavano di ricevere un abbraccio da Amma. Mi dissi: "Wow, questa donna non riuscirà di sicuro ad abbracciarli tutti oggi". Era il Devi Bhava e ovviamente lei ci riuscì.

Qualcuno mi chiese se volessi fare *seva*. Non sapevo nemmeno cosa significasse quella parola, ma pensai: "D'accordo, darò una mano, perché no?". Mi fu chiesto di distribuire l'acqua benedetta da Amma. Essendo un barman, pensai: "Per me è facile portare un vassoio con dell'acqua, non c'è problema". Non mi accorsi che il vassoio era colmo di dozzine di bicchierini pieni d'acqua benedetta fino all'orlo, e senza coperchietti.

Il responsabile mi chiese di distribuirla alla gente seduta all'esterno della sala. Quando uscii, rimasi a bocca aperta nel vedere migliaia e migliaia di persone che aspettavano nell'area parcheggio e guardavano Amma dal vivo su grandi schermi.

Trovare la pace

Mi pigiarono da tutte le parti; non appena fu chiaro che avevo il vassoio con l'acqua benedetta, le persone si diressero a centinaia verso di me. Per quasi un'ora andai avanti e indietro dalla sala, porgendo un bicchierino a ognuna di loro.

Mentre aspettavo il darshan, diedi un'occhiata in giro. Infine (dopo quasi nove ore!) sullo schermo comparve il numero del mio biglietto. Mi diressi verso il palco e mi inginocchiai davanti ad Amma. Lei mi sorrise e mi attirò a sé. Non capii cosa diceva mentre mi parlava all'orecchio. Infine mi diede due cioccolatini e un petalo di rosa. Quando mi alzai e chiesi all'interprete cosa avesse detto, lui rispose: "Amma ha detto che hai bisogno di un mantra".

Non sapevo cosa fosse un mantra, ma immediatamente mi fidai di lei. Amma mi fece cenno di sedermi di fianco a lei e rimasi lì seduto per due ore.

Fu quando mi sussurrò il mantra all'orecchio che iniziò la mia trasformazione. Si trattò di un processo lento che richiese diversi anni, ma ogni volta che incontro Amma, avviene un altro cambiamento: la mia morale, i miei valori, tutto è mutato. Sono diventato una persona che ha uno scopo, una persona che vuole vivere per qualcosa e desidera aiutare la gente e fare la differenza nel mondo (a volte lavo persino i piatti).

Prima d'incontrare Amma, quando mi svegliavo al mattino, il mio primo pensiero abituale era: *"Ho bisogno di andare a fare paracadutismo!"*. Non avevo responsabilità e non mi importava di nessuno.

Oggi, quando mi sveglio, il mio primo pensiero è "Amma..." Ricerco sempre l'emozione forte, il brivido, ma ora è lei che mi dà tutto questo. La mia euforia nasce dal vederla dare il darshan, dalla meditazione, dal *seva* che svolgo. Non ho bisogno di nessun'altra emozione o ebbrezza. La mia vita è finalmente completa. Oggi sono più vivo di quanto non lo sia mai stato.

Facendo un salto in avanti nel mio racconto, ora sono sposato, ho un figlio e gestisco una mia attività. Non avrei mai immaginato che questa sarebbe stata la mia vita. Senza Amma non sarebbe mai potuto accadere.

Amma mi ha trasformato.

Da quando ho ricevuto il primo darshan, ogni domenica faccio volontariato in una casa di accoglienza per le persone senza fissa dimora. È il mio modo di andare in chiesa, la mia maniera di esprimere la mia gratitudine ad Amma e di contraccambiarla

Trovare la pace

un po'. In questa struttura prepariamo dei panini, delle zuppe e dei dolci. Porto sempre mio figlio con me, fa *seva* sin da quando è bambino. Gli insegno dei buoni valori quali l'amare e il prendersi cura degli altri, servire.

Qualche volta viene anche il mio amico... quello che ho chiamato ogni mattino per vent'anni. È in fila assieme a tutti gli altri senzatetto e rabbrividisce nell'aria fredda mentre attende l'unico pasto caldo della giornata. Ogni volta che lo vedo sorrido tristemente. "Ehi fratello...", dico, "ecco il tuo panino". È un modo per aiutarlo. Ha perso tutto alla ricerca di quell'emozione forte: la moglie, la famiglia, la casa.

E io? Ho trovato l'emozione suprema; Amma mi ha salvato.

⚜ ⚜ ⚜

Un semplice tocco di Amma ha il potere di tuffarci in un viaggio di profonda guarigione. Grazie alla sua compassione e alla fede sincera delle persone, Amma può agire da catalizzatore, permettendo ad incredibili storie di trasformazione di succedere attorno a lei.

Amma ci avvicina al suo Sé in tantissimi modi, ammorbidisce i nostri cuori e ci ricorda come essere veramente umani. Attraverso la sua Grazia, la sua saggezza e la sua pazienza infinita ci porta gradualmente a ricordare il suo insegnamento: tutti noi siamo l'incarnazione del puro amore e della Coscienza Suprema.

Ecco una storiella che Amma racconta spesso e che parla di due discepoli che si recano nel villaggio ad acquistare della frutta e della verdura per il loro Guru. Quando tornano, entrambi hanno dei lividi. Preoccupato, il Guru domanda: "Cos'è successo?"

Uno di loro indica l'altro ed esclama: "Lui mi ha chiamato scimmia!".

Sospirando, il Guru risponde: "Da vent'anni continuo a ripetervi che siete l'incarnazione della Coscienza suprema, ma nonostante i miei più grandi sforzi non mi avete mai creduto. Poi, basta che lui ti chiami scimmia per una volta ed ecco il risultato!".

Troppo spesso ci comportiamo come i discepoli di questa storia. L'intera creazione è dentro di noi, ma invece di irradiare la luce divina ci nascondiamo nella nostra ombra.

Amma ci fa uscire dall'ombra, ci guida dall'oscurità alla luce e accende la scintilla dell'amore nei nostri cuori. Amma ci infonde speranza quando siamo immersi nello sconforto e luce quando l'oscurità offusca la nostra visione; guarisce l'incurabile e ricompone le fratture. Con la sua Grazia, l'impossibile diventa possibile e una vita ordinaria viene trasformata in amore.

Troppe volte cerchiamo la felicità all'esterno, dimenticando che la vera fonte di contentezza è dentro di noi. Possiamo trovare la luminescenza divina solo interiormente e non nelle luci scintillanti e smaglianti del mondo. Quando l'energia positiva fluisce dentro di noi, troviamo la forza per affrontare ogni cosa.

Qualche anno fa mi raccontarono una storia su Rishi, il cucciolo di Amma. Un giorno Rishi andò nella stalla alla ricerca di un compagno di giochi. Le mucche... beh non avevano assolutamente voglia di giocare. Questo fatto si ripeteva spesso con Rishi: nessuno voleva giocare con lui.

Rishi sgambettava spensierato nella stalla, disturbando ovviamente tutte le mucche; alcune lo guardavano con diffidenza, mentre una o due di loro si preparavano a caricarlo. Nella sua innocenza ed entusiasmo, il cucciolo pensò che stessero giocando! La sua risposta (se avesse potuto dirlo a parole) assomigliava a: "Dio mio, che spasso! Tutte le mie zie e le mie sorelle vogliono giocare con me!".

Si mise a correre, abbaiando e cercando di avvicinarsi il più possibile a loro per mordicchiarne le zampe. Infine le mucche ne ebbero abbastanza e partirono all'attacco. Ignaro di ciò che esse avevano in mente, il cucciolo si sentiva al colmo della gioia, incredulo di aver scoperto un gioco così divertente.

Tutti noi dovremmo sforzarci di comportarci come Rishi e attraversare la vita con quel tipo di innocenza. Sta a noi scegliere se essere come Rishi o come quelle mucche scontrose. Non preoccupatevi di cosa pensano gli altri; fate quello che sapete essere giusto. A dispetto delle circostanze, scegliete di vedere il mondo come un gioco bellissimo.

Non importa se chi vi circonda non voglia vedere il mondo come un mirabile gioco divino. Mantenere un atteggiamento di stupore e meraviglia vi permetterà di vivere con gioia il momento presente. Questo è ciò che dobbiamo fare: mantenere accesa la luce intorno a noi, ovunque andiamo.

Irradiate luce e siate felici.

www.ingramcontent.com/pod-product-compliance
Lightning Source LLC
Chambersburg PA
CBHW060155060406
42446CB00013B/2832